C.H.BECK WISSEN

Marco Polo ist eine der bekanntesten Figuren des Mittelalters und einer der wenigen bekannten Fernostasienreisenden dieser Zeit. Als Kaufmann und Abenteurer ist er das Synonym für den «merchant adventurer», aber er ist viel mehr als das, ein Chronist der Fremde, der erste europäische Reisende, der mit der Autorität des Augenzeugen vom faszinierenden Raum des Fernen Ostens für ein staunendes Publikum berichtete. Es soll hier nicht darum gehen, den «wirklichen» Marco Polo gegen den «Mythos» Marco Polo auszuspielen, sondern darum, zu zeigen, wie aus dem Sohn einer mittleren venezianischen Kaufmannsfamilie jene schillernde Gestalt werden konnte, die wir heute kennen.

Marina Münkler, geb. 1960, ist Professorin für Ältere und frühneuzeitliche Literatur und Kultur an der TU Dresden.

Marina Münkler

MARCO POLO

Leben und Legende

Verlag C.H.Beck

Mit 1 Karte (Peter Palm, Berlin)

2., überarbeitete und erweiterte Auflage. 2015

Originalausgabe

Gesamtherstellung: Druckerei C.H.Beck, Nördlingen
Umschlagabbildung: Umschlag der ersten Druckausgabe 1477
© akg-images/Erich Lessing
Umschlagentwurf von Uwe Göbel, München
Printed in Germany
ISBN 978 3 406 67682 6

www.beck.de

Inhalt

Einleitung: Ein außergewöhnlicher Autor

Marco Polo ist heute nahezu der einzig bekannte Fernostasienreisende des Mittelalters und eine der berühmtesten Gestalten dieses Zeitalters. Wie kein anderer verkörpert der venezianische Kaufmannssohn das Bild des spätmittelalterlichen «merchant adventurer», der aus der Enge der mittelalterlichen Gesellschaft in die Welt aufgebrochen ist und davon in einem authentischen Bericht kündet. Und zweifellos mutet die Biographie Marco Polos auch heute noch außergewöhnlich an. In einer Zeit, in der Fernreisen alles andere als selbstverständlich waren, begleitete er im Jahre 1271 als Siebzehnjähriger seinen Vater Niccolò und seinen Onkel Maffeo nach China, trat in den Dienst des mongolischen Großkhans Khubilai, durchreiste als sein Gesandter und Berichterstatter große Teile Südostasiens und kehrte erst 1295, nach nahezu fünfundzwanzig Jahren, nach Venedig zurück.

So außerordentlich diese biographischen Daten aber auch erscheinen mögen, so hätte Marco Polos Biographie doch kaum Interesse erregt, wenn er nicht einige Jahre nach seiner Rückkehr jenen Asienbericht abgefasst hätte, der ihn berühmt gemacht hat. Das *Divisament dou monde*, wie das Buch in seiner frühesten Fassung betitelt wurde, galt bald als ein *Livre des merveilles,* und der ursprünglich in franko-italienischer Sprache abgefasste Text wurde noch zu Marco Polos Lebzeiten ins Lateinische und Französische, in toskanische und venezianische Dialekte und bis zum Ende des 15. Jahrhunderts in nahezu alle europäischen Sprachen übersetzt.

Der erstaunliche Erfolg, der seinem Bericht beschieden war, hängt sicherlich nicht zuletzt damit zusammen, dass Asien in gewisser Weise den Erwartungshorizont der europäischen Kultur bildete. Ob Endzeitvorstellungen oder Heilserwartungen, ob Furcht vor dem Fremden oder Faszination durch das Fremde – wie widersprüchlich auch immer die europäischen Erwartungen waren, sie richteten sich in erster Linie auf Asien. Seit der Mitte des 13. Jahrhunderts verband sich diese Mischung aus Furcht und Faszination mit den Mongolen, die einerseits durch ihre bis nach Europa reichenden Eroberungsfeldzüge Angst und Schrecken verbreitet hatten, andererseits aber die unermesslich reichen Länder Asiens beherrschten und europäischen Fernhändlern erstmals die Möglichkeit eröffnet hatten, die asiatischen Luxuswaren, wie Seide, Gewürze und Edelsteine, direkt an ihren Herkunftsorten zu erwerben. Von Asien und den Mongolen handelte Marco Polos Bericht; von den Ländern, Regionen und Städten Mittel- bis Fernostasiens, vom Aufstieg der Mongolen und der Geschichte ihrer Dynastie bis zu Khubilai Khan und von den reichen und wundersamen südostasiatischen Ländern und Inseln, die an das Reich des Großkhans angrenzten. Das war es auch, was Marco Polos zeitgenössische Leser faszinierte: Den beschriebenen Gegenständen, nicht der Person des Reisenden galt ihr Interesse.

Diese Konstellation hat sich heute nahezu umgekehrt. Jetzt gilt das Interesse mehr dem großen Reisenden als seiner Beschreibung Asiens. Wer Marco Polos Bericht freilich in der Erwartung aufschlägt, darin etwas über den berühmten Venezianer und sein abenteuerliches Leben zwischen Venedig und Peking erfahren zu können, wird zweifellos enttäuscht sein. Ein Reisebericht im engeren Sinne des Wortes ist Marco Polos Bericht nämlich nicht: Über ihn selbst erfährt man in seinem Bericht am allerwenigsten; von Reisestrapazen oder gar bestandenen Abenteuern ist nirgendwo die Rede, und selbst seine Lebensumstände in China schildert er nicht, sondern gibt lediglich an, in welcher Funktion er dort tätig gewesen sei.

Die Fülle seines Wissens und die Rahmendaten seiner Biographie sind jedoch allzu außergewöhnlich, als dass man bis in die jüngste Zeit der Versuchung hätte widerstehen können, sie auszufüllen und zu einer interpretierbaren Identität zu vereindeutigen. Damit freilich ist Marco Polo ein Mythos – in dem positiven Sinne, dass er einer der wenigen mittelalterlichen Autoren ist, dessen Leben auch heute noch so faszinierend erscheint, dass man mehr über ihn erfahren möchte, als sein Bericht hergibt, aber auch in dem schlechten Sinne, dass man sich ein Bild von ihm gemacht hat, das den Blick auf seinen Bericht selbst verstellt oder dessen Deutung in unangemessener Weise geprägt hat.

Dennoch ist Marco Polo nur als Mythos Marco Polo. Nur davon lebt er und hat er, wenn auch unter anderen Vorzeichen, von Anfang an gelebt – von Aneignungen, Übersetzungen, Veränderungen, Verfälschungen, Etikettierungen, die immer schon mit dem Text verknüpft waren, der unter seinem Namen firmiert. Das hat in erster Linie damit zu tun, dass Marco Polos Bericht in einer Handschriftenkultur entstanden ist und verbreitet wurde: Wer den Text abschrieb oder übersetzte, veränderte ihn immer auch, freilich ohne diese Veränderungen als solche kenntlich zu machen. Immer stand Marco Polo mit seinem Namen für den gesamten Text in der je vorliegenden Fassung ein, und so veränderte sich mit dem Text stets auch die Identität des Berichterstatters. Den kaufmännischen Marco Polo, für den die Welt aus Waren und Preisen besteht, bieten am ehesten die toskanischen Handschriften des frühen 14. Jahrhunderts, die den Text deutlich kürzen und umstellen. Daneben gibt es aber auch den «höfisch-ritterlichen» Marco Polo der franko-italienischen und altfranzösischen Varianten und vor allem den «belehrenden» lateinischen Marco Polo, dessen Text der geistlichen Erbauung diente. Welcher von diesen der «wirkliche» Marco Polo ist, lässt sich letztlich nicht entscheiden. Immer wieder hat er unterschiedlichen Funktionen gedient und sie zu erfüllen vermocht. Es kann also nicht darum gehen, den «wirklichen» Marco Polo gegen den Mythos Marco Polo auszuspielen, sondern vielmehr darum, zu zeigen, wie aus dem Sohn einer mittleren venezianischen Kaufmannsfamilie jene schillernde Gestalt werden konnte, die er bis heute geblieben ist.

Das Selbstbewusstsein, mit dem er seinen Bericht ankündigte, spricht jedenfalls für sich: «Kaiser, Könige und Fürsten, Ritter und Bürger – und ihr alle, die ihr die verschiedenen Rassen und die Mannigfaltigkeit der Welt kennenlernen wollt, nehmt dies

Buch, und laßt es euch vorlesen. Merkwürdiges und Wunderbares findet ihr darin, und ihr werdet erfahren, wie sich Groß-Armenien, Persien, die Tatarei, Indien und viele andere Reiche voneinander unterscheiden. Dieses Buch wird euch genau darüber unterrichten; denn Messer Marco Polo, ein gebildeter edler Bürger aus Venedig, erzählt hier, was er mit eigenen Augen gesehen hat. (...) Denn ihr müßt wissen, seit der Erschaffung unseres Urvaters Adam gab es keinen Christen, keinen Heiden, weder einen Tataren noch einen Inder, keinen einzigen Menschen, der über eine solche Fülle von Merkwürdigkeiten Bescheid weiß wie Messer Marco Polo allein» (ed. Guignard, S. 7 f.).

Vor Marco Polo: Europa und die Mongolen im 13. Jahrhundert

Während des 13. Jahrhunderts waren die Kontakte Europas mit Asien entscheidend durch den Aufstieg der Mongolen zur beherrschenden Macht Asiens geprägt. Die Mongolen waren ein clanföderatives, nomadisches Reitervolk, das erst zu Beginn des 13. Jahrhunderts aus einem teils freiwilligen, teils erzwungenen Zusammenschluss kleinerer nomadisierender Völker der zentralasiatischen Steppe hervorgegangen war, nachdem es die im 12. Jahrhundert unter den reiternomadischen Völkern immer wieder geführten Auseinandersetzungen um die Vorherrschaft in der Steppe für sich hatte entscheiden können. Diese Aufstiegsphase der Mongolen zur expandierenden Großmacht verbindet sich mit ihrem Anführer Temüdschin, der 1206 zum Herrscher über alle Völker der mongolischen Steppe ausgerufen wurde und den Namen Dschingis Khan annahm. Unter seinem Khanat begannen die Eroberungszüge, die das mongolische Großreich begründeten, das zu den Zeiten seiner größten Ausdehnung vom Chinesischen bis zum Schwarzen Meer reichte. Dem Prinzip der Clanföderation entsprechend, das auf der Gefolgschaft einzelner Clans gegenüber dem gewählten Anführer beruhte, der seine Fähigkeit zur Führung in erster Linie mittels militärischer Erfolge unter Beweis stellen musste, unternahm Dschingis Khan mit seinen Truppen sogleich nach seiner Wahl die ersten Feldzüge gegen die westlich der Mongolen siedelnden Turkvölker sowie gegen das nordchinesische Reich der Chin, denen die Mongolen vordem tributpflichtig gewesen waren. Während sich die Eroberung Nordchinas hinzog und erst unter Dschingis Khans Nachfolger Ögödei vollendet werden konnte, war die Westexpansion sehr erfolgreich. In den Jahren 1218 bis 1220 eroberten mongolische Heere das Reich der Chwarezm in Transoxanien mit den reichen und entwickelten Städten Buchara und Samarkand, besiegten 1223 an der Kalka ein vereinigtes Heer von Komanen und Russen und drangen bis zum Dnjepr vor. Zwischen 1225 und 1227 konzentrierten sie ihre Kräfte dann auf den Osten, unterwarfen die mit den Chin verbündeten Tanguten und dehnten die mongolische Herrschaft über große Teile Nordchinas aus, dessen weitere Eroberung mit Dschingis Khans Tod im Jahre 1227 jedoch zunächst unterbrochen wurde.

Von diesen mongolischen Eroberungskriegen drangen vorerst nur vage Nachrichten nach Europa bzw. ins Heilige Land, wo die europäischen Kreuzfahrer nach den ersten Erfolgen unter erheblichen Druck der Araber geraten waren und sich nur mühsam halten konnten. Die ersten Gerüchte über ein aus dem Osten herandrängendes kriegerisches Volk, die sich nach 1220 im Kreuzfahrerheer vor dem ägyptischen Damiette verbreitet hatten, waren von der Hoffnung getragen, ein christlicher Priesterkönig eile den in Bedrängnis geratenen Kreuzfahrern zu Hilfe, um das Heilige Land von den Sarazenen zu befreien. Hintergrund dieser Gerüchte waren die mongolischen Eroberungen in Transoxanien, die das Reich des Chwarezm-Schahs, Mohammeds II., zerschlagen hatten. Die widersprüchlichen Nachrichten über eine gewaltige Heermacht, die im Rücken der Sarazenen bereits ein islamisches Reich zerstört hatte, verbanden sich mit der seit dem 12. Jahrhundert in Europa kursierenden Legende vom christlichen Priesterkönig Johannes, von dem es hieß, er herrsche in Indien über ein mächtiges Reich. Der erhoffte Beistand durch den Priesterkönig und sein siegreiches Heer blieb jedoch aus, ohne dass man sich recht erklären konnte, warum er nach seinem großen Sieg über ein sarazenisches Heer nicht weiterzog, um Jerusalem zu befreien. Tatsächlich hatten sich die Mongolen 1223 wieder nach Ostasien zurückgezogen, um die Herrschaft über die dort eroberten Gebiete zu konsolidieren, und nachdem Dschingis Khan im Jahre 1227 verstorben war, hatten sie die Westexpansion vorläufig eingestellt.

Nach dem Tod Dschingis Khans ging die Herrschaft auf seine vier Söhne und ihre Clans über, unter denen die eroberten Gebiete aufgeteilt wurden. Entsprechend dem mongolischen Erbgesetz erhielt der Clan des ältesten Sohnes Dschötschi, der wie sein Vater im Jahre 1227 starb, die am weitesten entfernten Gebiete im Westen, dem zweiten Sohn Tschaghatai und dem dritten Sohn Ögödei fielen die eroberten Territorien in Transoxanien und Turkestan zu, während der jüngste Sohn Tolui im mongolischen Stammland herrschte. Nach mongolischem Erbrecht hätte ihm eigentlich auch die Würde des Großkhans zuteilwerden müssen, aber Dschingis Khan hatte entgegen der üblichen Erbfolge seinen dritten Sohn Ögödei zu seinem Nachfolger bestimmt, und dieser wurde 1229 auf einem Reichstag zum Großkhan gewählt. Ögödei bestimmte in erster Linie die Leitlinien der mongolischen Eroberungspolitik und setzte die mongolische Expansion fort, im Westen gegen Persien, die Kumanen sowie die Wolgabulgaren und im Osten gegen das nordchinesische Reich der Chin, das 1234 endgültig unterworfen wurde. Er ließ aber auch das mongolische Post- und Eilverkehrssystem ausbauen, das es ermöglichte, sehr schnell große Entfernungen zu überwinden. In kurzen Abständen wurden Stationen für den Pferdewechsel bzw. die Weitergabe von Briefen eingerichtet, wodurch es möglich war, die Nachrichtenverbindung zwischen dem Sitz des Großkhans in der Mongolei und den neu eroberten Gebieten ständig aufrechtzuerhalten und Gesandte aus verschiedenen Ländern rasch an den Hof des Großkhans zu befördern.

Auf dem zweiten Reichstag 1235 wurde unter Ögödei erneut ein großer Westfeldzug beschlossen. 1237 eroberten die Mongolen große Gebiete an der Wolga und drangen bis nach Moskau und Rostow vor. Seither gelangten immer mehr Briefe von dominikanischen und franziskanischen Missionaren ins Abendland, in denen von einem Volk die Rede war, das sich Tartaren nenne und dessen Grausamkeit und Rohheit schrecklich seien. Man mutmaßte nun, dass der Priesterkönig Johannes nach dem Verlust von Damiette durch die Kreuzfahrer in den Osten zurückgekehrt, danach aber von den Tartaren in seinem Heer ermordet worden sei, die nun nicht mehr nur die Feinde der Christenheit bekämpften, sondern sich auch anschickten, Russland und andere christliche Länder anzugreifen und zu verheeren. In Westeuropa war man ob der aus Osteuropa übermittelten Nachrichten zwar besorgt, aber man war doch noch nicht besonders beunruhigt und überdies zu sehr mit sich selbst beschäftigt, um dem kriegerischen Volk aus dem Osten größere Aufmerksamkeit zu schenken. Die Auseinandersetzungen zwischen Kaiser und Papst steuerten zu diesem Zeitpunkt ihrem Höhepunkt zu: Papst Gregor IX. hatte Kaiser Friedrich II. 1239 exkommuniziert und wollte ihn zu Ostern 1241 auf einem nach Rom einberufenen Konzil als Kaiser absetzen lassen, woraufhin Friedrich zahlreiche der anreisenden Prälaten gefangennehmen ließ und auf diese Weise den Zusammentritt des Konzils verhinderte. Die Abwehr der nach dem Fall von Kiew 1240 in zwei Flügeln weiter nach Westen drängenden mongolischen Heere überließ man unterdessen dem Herzog von Schlesien und dem König von Ungarn, von denen man annahm, sie hätten genügend Erfahrung im Umgang mit kriegerischen Völkern aus dem Osten. Die Niederlagen des deutsch-polnischen und des ungarischen Ritterheeres von 1241 verliehen der Situation jedoch eine ungeahnte Dramatik. Am 9. April 1241 brachte ein mongolisches Heer bei Liegnitz einem polnisch-deutschen Ritterheer eine vernichtende Niederlage bei, und nur zwei Tage später schlug das zweite mongolische Heer bei Mohi am Sajò die Truppen des ungarischen Königs Béla, der mit den Resten seines aufgeriebenen Heeres an die Adria floh, wohin ihm ein kleinerer mongolischer Trupp folgte. Keines der osteuropäischen Heere war der hochmobilen Taktik der mongolischen leichten Reiterei gewachsen, die mit dem Bogen über eine äußerst effektive Distanzwaffe verfügte und deutlich beweglicher war als die schwerfälligen, gepanzerten Ritter. Die mongolische Art der Kriegsführung war den europäischen Ritterheeren sowohl strategisch durch die Aufteilung des Heeres in zwei weiträumig operierende Flügel als auch taktisch durch die hohe Mobilität der Mongolen in der Schlacht überlegen, und sie spottete überdies jeder Vorstellung von ehrenhaftem Kampf und Ritterlichkeit. Dem bedrängten ungarischen Heer etwa hatten die Tartaren, wie berichtet wurde, einen scheinbaren Fluchtweg eröffnet, um es in eine taktisch günstige Position zu locken, in der sie es umso leichter niedermachen konnten, und Herzog Heinrich von Schlesien, der in der Schlacht von Liegnitz gefallen war, hatten sie den Kopf abgeschlagen und ihn auf eine Lanze gespießt, mit der sie vor den Toren von Liegnitz erschienen. Solche *crudelitas* (Grausamkeit), *astutia* (Verschlagenheit) und *malitia* (Bosheit) kannte man nicht einmal aus den Kämpfen mit den Sarazenen, und gleichzeitig gab es offenkundig nichts, was man ihr entgegenzusetzen hatte. Erstmals zeichnete sich damit eine Katastrophe der christlich-ritterlichen Kultur des Abendlandes ab, die in den Kreuzzügen zwar bereits eine Reihe von Niederlagen, aber keine vergleichbaren Demütigungen hatte hinnehmen müssen. Die durch die mongolischen Siege in Ost- und Mitteleuropa ausgelöste Panik drückt sich deutlich in einem Brief aus, den Herzog Otto II. von Bayern, dessen Herzogtum nach den Niederlagen von Liegnitz und am Sajò unmittelbar gefährdet schien, an Bischof Sibotho von Augsburg schrieb: «Daher möge Eure väterliche Würde erfahren, daß ein barbarisches Volk der Tartaren, von unerhörter Grausamkeit, in unendlicher Zahl von entfernten und unbekannten Gegenden hergekommen ist. Den Grund ihres Kommens wissen wir nicht, außer daß sie alle Christen gottlos verfolgen und töten wollen» (zit. nach Bezzola, Die Mongolen, S. 67).

In der Kombination von unerhörter Grausamkeit, unendlicher Zahl und dem Namen «Tartaren» fügte sich ein Bild zusammen, das die im 13. Jahrhundert ohnehin verbreitete Endzeitstimmung auf die Mongolen übertrug: Der Name «Tartaren», der seit den dreißiger Jahren für das kriegerische Volk aus dem Osten verwendet worden war, wurde nun in Anlehnung an *tartarus* gedeutet, und die unbekannten Gegenden wurden damit zur Hölle vereindeutigt. Aus dem Schlund der Hölle, so vermutete auch Friedrich II., sei das grausame, gesetzlose und unmenschliche Volk entsprungen, um alle anderen Völker zu unterjochen oder zu vernichten. Die Kurie freilich war kaum in der Lage zu reagieren; Gregor IX. verstarb im April 1241, dessen Nachfolger Coelestin IV. überlebte seine Wahl gerade um zwei Wochen, und darauf folgte eine zweijährige Sedisvakanz, die erst 1243 mit der Wahl von Innozenz IV. beendet wurde. Kaiser Friedrich II. zeigte sich zwar entschlossen, auf die tartarische Herausforderung zu reagieren, aber ein Teil der europäischen Herrscher misstraute ihm, und die päpstliche Partei, die ihn zuvor schon als Antichristen abgestempelt hatte, verbreitete, er selbst habe die Tartaren gegen die Christen aufgehetzt. Der Kaiser seinerseits versuchte zu demonstrieren, dass Europa nur unter seiner Führung gerettet werden könne, und verlangte von der Kurie die Anerkennung seiner Suprematie in weltlichen Fragen. So war Europa einerseits von Panik erfüllt, andererseits aber gelähmt und harrte mit fatalistisch-apokalyptischen Visionen der weiteren Entwicklung.

Die von vielen geteilte furchtbare Gewissheit schlug jedoch wieder in Ungewissheit um, als die Tartaren Anfang 1242 ebenso überraschend wieder verschwanden, wie sie über Osteuropa hergefallen waren. Der Grund für den plötzlichen Rückzug der Mongolen war, wie schon 1227, der Tod des Großkhans. Nach dem Tod Ögödeis kehrte Batu, der die Westexpansion betrieben hatte, mit seinen Horden nach Osten zurück, um bei der Wahl des neuen Großkhans seinen Einfluss geltend zu machen. In Europa freilich konnte man sich das plötzliche Verschwinden der Tartaren ebensowenig erklären, wie zuvor ihr Auftauchen und ihre Siege. Während man einerseits wieder zur politischen Tagesordnung überging, blieb doch andererseits die Furcht bestehen, die «Diener des Satans» könnten wieder zurückkehren und dann noch schlimmere Verheerungen anrichten.

Zum ersten Mal seit den Einfällen der Hunnen in Europa war die Beschreibung der Völker Ostasiens einem deutlichen Aktualisierungsdruck ausgesetzt: Was aus den Völkerlisten des Alten Testaments und den überlieferten Schriften der antiken Historiker zu entnehmen war, reichte nicht aus, um begreifen zu können, wer die «wie Gottes zornflammender Blitz», «wie ein Wirbelwind» (Matthaeus Parisiensis, *Chronica Maiora*, IV, S. 113) über Osteuropa herfallenden Völker waren. Waren sie nur eines der verschiedenen Heidenvölker, die seit jeher aus dem Osten nach Europa gedrängt waren, Nachfolger der von den antiken Autoren als wild und grausam beschriebenen Skythen vielleicht, oder handelte es sich bei ihnen um die apokalyptischen Völker Gog und Magog, die Vorboten des Weltendes? Um diesen Zustand der Ungewissheit zu beenden, beschloss der 1243 gewählte Papst Innozenz IV., Gesandte gen Osten zu schicken, die ergründen sollten, wer die Tartaren waren und welche Absichten sie hatten.

Auf den Johannistag 1245 berief Innozenz IV. ein Konzil nach Lyon ein, in dessen Mittelpunkt neben der Absetzung des Kaisers und der Ausrufung eines neuen Kreuzzugs gegen die Sarazenen die Erörterung von Mitteln und Wegen zum Schutze der Christenheit vor den Tartaren stand. Noch bevor das Konzil zusammentrat, sandte Innozenz im Frühjahr 1245 vier Gesandtschaften zu den Tartaren. Diese Gesandtschaften wurden von franziskanischen und dominikanischen Ordensmitgliedern übernommen, deren Anfang des 13. Jahrhunderts neu gegründete Orden es sich zur Aufgabe gemacht hatten, nicht mehr nur in Klöstern für das eigene Heil zu sorgen, sondern überall hinzuziehen, wo das Wort Gottes verkündet werden sollte oder dem christlichen Glauben Gefahr drohte. Die Franziskaner Johannes de Plano Carpini und Laurentius von Portugal reisten über Osteuropa, die Dominikaner Andreas von Longjumeau und Ascelin von Cremona über das Heilige Land. Der Franziskaner Johannes de Plano Carpini gelangte als einziger mit seinen Begleitern bis in die Nähe von Karakorum in der Mongolei, wo er der gerade stattfindenden Thronerhebung des neuen Großkhans Güyük beiwohnte und ihm anschließend einen an

König und Volk der Tartaren gerichteten Brief des Papstes übergab.

Als Johannes de Plano Carpini nach zweieinhalbjähriger Reise an Allerheiligen 1247 nach Lyon zurückkehrte, überbrachte er dem Papst ein Antwortschreiben, aus dem mehr als deutlich der mongolische Weltherrschaftsanspruch hervorging. Den Brief des Papstes nämlich hatte Güyük als Bitte um Unterwerfung gedeutet, und in seinem Antwortschreiben forderte er ihn in barschem Ton auf, sich unverzüglich mit allen Königen und Fürsten des Abendlands an seinen Hof zu begeben: «Durch die Kraft des ewigen Himmels (Gottes), des ozeangleichen Chans des mächtigen großen Volkes; unser Befehl. (...) Die Bitte um Unterwerfung wurde von seiten Eures Gesandten gehört. Wenn Ihr entsprechend Eurem Wort vorgeht, so kommt: Du, der große Papst, und die Könige alle persönlich, um uns zu huldigen. Dann werden wir auch die Weisungen (jasa), die es gibt, vernehmen lassen. (...) Du persönlich an der Spitze der Könige, Ihr alle zusammen, sollt kommen, um mir zu huldigen und Dienst zu leisten. Dann wollen wir Eure Unterwerfung zur Kenntnis nehmen. Wenn ihr aber Gottes Befehl nicht annehmt und unserem Befehl zuwiderhandelt, werden wir erkennen, daß ihr unsere Feinde seid» (zit. nach Spuler, S. 83 f.).

Die ersten europäischen Berichte über die Mongolen

Carpini übergab dem Papst aber nicht nur diese Unterwerfungsaufforderung, sondern auch einen von ihm verfassten Bericht über die Mongolen. Er ist unter dem Titel *Historia Mongalorum* überliefert und war die erste systematische Beschreibung des mongolischen Volkes durch einen Europäer aufgrund eigener Augenzeugenschaft. Carpinis *Historia Mongalorum* war in neun Bücher gegliedert und beschrieb das Land der Mongolen, seine Bewohner, ihre religiösen Gebräuche, ihre Sitten, die Geschichte des mongolischen Aufstiegs seit Dschingis Khan, die Art ihrer Kriegsführung, aber auch, welche Maßnahmen man zu ihrer Abwehr ergreifen könne, und schließlich den Verlauf seiner eigenen Reise.

Diese systematische Gliederung stimmt in vielen Punkten mit den Fragen überein, die das Konzil von Lyon an einem der Versammlungstage an einen russischen Besucher des Konzils richtete, der offensichtlich als Kenner der Tartaren betrachtet wurde. Carpini reiste also mit einem vorgefertigten Fragenkatalog, der seine Beobachtungen steuerte. In seinem Bericht spezifizierte er die Fragen zu Beschreibungskomplexen, die in sich noch einmal systematisch gegliedert waren, und stellte diese Gliederung an den Anfang jedes Kapitels. Auf diese Weise lieferte er eine sehr komplexe Beschreibung einer dem Abendland bis dahin völlig unvertrauten Gesellschaft. Dabei stellte er auch klar, dass die Tartaren eigentlich nicht Tartaren, sondern Mongolen hießen, während die *tattari* ein Volk seien, das sie zu Beginn ihres Aufstieges unterworfen hätten. Diese historisch korrekte Neuigkeit war allerdings das folgenloseste Element von Carpinis Informationen, denn selbst in der Überlieferung seines Berichts wurde weiterhin der Name Tartaren verwendet. Ansonsten aber war sein Bericht von unschätzbarem Wert: Er beschrieb das mongolische Steppenland, das im Vergleich zu Europäern, aber auch Arabern auffällig andere Aussehen der Mongolen, ihre Bekleidungs- und Essgewohnheiten, ihre nomadische Lebensform, Waffen und Rüstungen. Sein Blick richtete sich nicht nur auf die Erscheinung und die auffälligsten Merkmale der Mongolen, sondern beschrieb eingehend auch ihre Sitten, Lebensgewohnheiten und religiösen Riten. So untergliederte er etwa das Kapitel über die Sitten der Tartaren in vier Abschnitte: «Zuerst spreche ich über die guten, dann über die schlechten Sitten, drittens über die Speisen, viertens über die Gewohnheiten» (Kunde von den Mongolen, S. 55). Zu den guten Sitten rechnete Carpini den unbedingten Gehorsam der Tartaren gegenüber ihren Herren, ihre Friedfertigkeit untereinander und ihre Genügsamkeit. Bei den schlechten Sitten führte er neben ihren Ess- und Trinksitten in erster Linie den Umgang mit Fremden an: Gegenüber fremden Menschen seien die Tartaren extrem hochmütig, lügnerisch und hinterlistig, dabei gierig und raffsüchtig (vgl. Kunde von den Mogolen, S. 55–57). Mit dieser Einschätzung bestätigte Carpini, was er schon im vorhergehenden Kapitel über die rechtlichen Gewohnheiten der Tartaren festgestellt hatte: dass ihre gewohnheitsrechtlichen Vorschriften in vieler Hinsicht streng seien und Kleinigkeiten unnachsichtig bestraft würden, während sie gegenüber Fremden keinerlei Recht gelten ließen. «Aber Menschen töten, fremde Länder überfallen, fremdes Eigentum rauben auf jedwede unrechte Weise, huren, fremden Menschen Gewalt antun, gegen Verbote und Vorschriften Gottes handeln: Das alles gilt ihnen nicht als Sünde» (Kunde von den Mongolen, S. 51). In seiner Darstellung der mongolischen Geschichte vollzog Carpini den mongolischen Aufstieg seit Dschingis Khan nach, und wenn er auch verschiedene Ereignisse durcheinanderbrachte und verwechselte, die Namen nicht alle kannte oder falsch zuordnete und die Ereignisse nach abendländischen Vorstellungen deutete, so vermittelte er doch im Großen und Ganzen einen zutreffenden Eindruck von dem mächtigen Nomadenvolk und der Geschichte seines Aufstiegs.

Auf solche genauen Informationen durch einen zuverlässigen Augenzeugen hatte man in ganz Europa offenkundig gewartet, denn schon auf mehreren Stationen seiner Rückreise berichtete Carpini von seiner Begegnung mit den Tartaren und beantwortete Fragen über ihre Herkunft, ihre Absichten, ihren Glauben und ihre Herrschaft. Nach den Aussagen des neunten Buches der *Historia Mongalorum,* das erst in einer zweiten Fassung des Berichts hinzugekommen ist, riss man ihm seinen Bericht förmlich aus den Händen, noch bevor er abgeschlossen war.

1249 schickte auch der französische König Ludwig IX. erstmals einen Gesandten zu den Mongolen, nunmehr jedoch unter einer anderen Perspektive, denn der französische König hoffte auf ein Bündnis mit den Tartaren. Ludwig befand sich zu diesem Zeitpunkt auf dem Kreuzzug und war in Zypern von einer Gesandtschaft des mongolischen Statthalters für den Kaukasus aufgesucht worden, die ihm ein Schreiben (dt. Übers. in: Wilhelm von Rubruk, Reise zu den Mongolen, S. 3–5) überbrachte, in dem den Christen völlige Gleichberechtigung, Steuerfreiheit und der Schutz ihrer Güter im mongolischen Reich zugesagt wurde. Überdies wurde Ludwig die Möglichkeit eines Bündnisses gegen die Sarazenen angedeutet. Damit schien sich durch Gottes wunderbare Fügung eine völlig neue Wendung in den Beziehungen zu den Tartaren anzubahnen. Angesichts dieser erfreulichen Perspektive schickte Ludwig im Januar 1249 eine Dominikanergesandtschaft unter der Führung von Andreas von Longjumeau mit kostbaren Geschenken, darunter auch einem Stück Holz vom Heiligen Kreuz, zu den Tartaren. Anders als 1245 gelangte Andreas von Longjumeau diesmal bis an den Hof des Großkhans, aber die Situation, die er dort antraf, war völlig anders als erwartet. Von einer Bekehrung des Großkhans und seiner Familie zum Christentum konnte keine Rede sein: Die Witwe des im Jahr zuvor verstorbenen Großkhans Güyük, die zu dieser Zeit die Regentschaft ausübte, ließ Andreas wissen, dass man die Geschenke als Zeichen der Unterwerfung betrachte, und übergab ihm einen Brief an den französischen König, in dem sie diesen aufforderte, den Mongolen jährlichen Tribut zu leisten. Als Andreas von Longjumeau 1251 wieder in Caesarea eintraf, um die mehr als unerfreulichen Nachrichten von den Mongolen zu überbringen, war der Kreuzzug des französischen Königs weitgehend gescheitert. Bei Mansura im Nildelta war nach anfänglichen Erfolgen des Kreuzfahrerheers die geplante Eroberung Ägyptens im Nilschlamm steckengeblieben, Ludwig selbst war in sarazenische Gefangenschaft geraten, aus der er sich 1250 mit einem hohen Lösegeld hatte freikaufen müssen. Der Plan, das 1244 gefallene Jerusalem wieder zu befreien, war damit gescheitert, und mit dem Schreiben, das Andreas aus Karakorum mitbrachte, wurde deutlich, dass nicht nur eine Allianz mit den Tartaren unmöglich, sondern auch jede weitere Aussendung von Gesandten zu ihnen überaus riskant war. In seiner *Histoire de Saint Louis* schrieb Jean de Joinville: «Und ihr sollt wissen, dass der König schwer bereute, sie geschickt zu haben.»

Dennoch gab Ludwig seinen Plan, Jerusalem zu befreien, nicht auf und blieb im Heiligen Land, obwohl ihm durch seine bereits mehr als fünfjährige Abwesenheit in Frankreich die Dinge aus der Hand zu gleiten begannen. Ludwig brauchte also dringend einen Erfolg gegen die Sarazenen. Nicht zuletzt deshalb ließ er sich durch eine Gesandtschaft aus Konstantinopel, die berichtete, der im Bereich der mittleren Wolga regierende Khan Sartaq sei Christ geworden, 1253 noch einmal dazu bewegen, eigene Vertrauensleute zu den Mongolen zu schicken. Diesmal agierte er freilich vorsichtiger und beauftragte keine offizielle Gesandtschaft mit königlichen Geschenken, sondern den Franziskaner Wilhelm von Rubruk, den er lediglich mit einem Schreiben ausstattete, in dem er darum bat, seinem Überbringer die Mission zu gestatten. Ob Wilhelm tatsächlich zu den Mongolen reiste, um missionarisch tätig zu werden, oder ob er vielmehr ergründen sollte, wie nahe die Mongolen dem Christentum tatsächlich standen und ob ein Bündnis mit ihnen in Frage kommen könnte, lässt sich nicht eindeutig entscheiden; jedenfalls betrachteten die Mongolen ihn als Gesandten und schickten ihn zum Großkhan weiter. Die Reise dauerte auf diese Weise vermutlich länger als geplant, und als er 1256 wieder ins Heilige Land kam, war der französische König zwischenzeitlich nach Frankreich zurückgekehrt. Wilhelm von Rubruk übersandte Ludwig IX. daraufhin einen weiteren Bericht über die Mongolen. Er ergänzte Carpinis Beschreibungen um zahlreiche Details, erfasste insbesondere die geschlechtsspezifische Arbeitsteilung, die soziale Rangordnung und den Umgang mit Krankheit und Tod. Seine besondere Aufmerksamkeit galt dem Glauben der Mongolen, deren schamanistische Praktiken er eingehend beschrieb. Anders als Carpini schilderte er in der Form eines persönlichen Briefes an den König den Verlauf seiner eigenen Reise, die Strapazen und den Hunger, die er zu erleiden hatte, sowie den Eindruck, den die Mongolen auf ihn machten. Dieser Eindruck war denkbar negativ: Wilhelm von Rubruk beschrieb die Mongolen als herrschsüchtig und habgierig und riet von jeglichen weiteren diplomatischen Kontakten ab: «Denn sie sind bereits so aufgeblasen, daß sie meinen, alle Welt verlange, mit ihnen Frieden zu schließen. Und gewißlich, wäre es mir nur verstattet, ich wollte in der ganzen Welt aus allen meinen Kräften Krieg gegen sie predigen» (Reise zu den Mongolen, S. 244). Auch Missionsversuche hielt er für wenig aussichtsreich, denn der Khan versammle zwar alle möglichen Glaubensrichtungen an seinem Hof und versichere jeder seine besondere Aufmerksamkeit, tatsächlich aber habe er keinerlei Absicht, sich bekehren zu lassen, «gleichwohl folgen alle seinem Hof wie die Mücken dem Honig, er aber gibt allen und alle glauben sein besonderes Vertrauen zu genießen und alle prophezeihen ihm Gutes» (Reise zu den Mongolen, S. 256).

Die Mongolen als Missionsvolk und die Normalisierung der Beziehungen

Trotz dieser pessimistischen Einschätzung der Missionsmöglichkeiten bei den Mongolen nannte Innozenz IV. 1253 die Tartaren erstmals namentlich in einer der Bullen, mit denen die Päpste die Vertreter der Kirche zur Mission aufriefen. Diese mit dem Incipit *Cum (iam) hora undecima* anhebenden Missionsbullen waren seit 1237 von den Päpsten in kurzen Abständen ausgegeben worden, wobei die Liste der Missionsvölker ständig verändert und ergänzt wurde. In der von Innozenz IV. 1253 erlassenen Missionsbulle wurden erstmals die Tartaren unter den Völkern genannt, denen das Wort Gottes verkündet werden sollte. Bei aller negativen Beurteilung der Mongolen, die sich insbesondere am mongolischen Weltherrschaftsgedanken entzündete, hatten die Gesandten doch die eschatologischen Ängste relativiert und die Tartaren nicht länger als Volk der Apokalypse, sondern als ein Volk von Heiden oder Götzenanbetern beschrieben. Zwar wurden die Mongolen nach wie vor als Tartaren bezeichnet, was die Erinnerung an ihre angenommene Herkunft aus dem *tartarus* wach hielt, aber alles in allem setzte sich doch die Überzeugung durch, dass sie ein heidnisches, aber kein apokalyptisches Volk seien. Abgesehen davon hatte die Mission nicht nur religiöse, sondern auch geostrategische Bedeutung, denn die Mongolen stellten für die Sarazenen eine noch stärkere Bedrohung dar als für Europa, von dessen Grenzen sie sich wieder zurückgezogen hatten. Deshalb beobachtete man die islamischen Missionsversuche bei den Mongolen mit großer Sorge, denn ein wachsender Einfluss der Muslime bei den Mongolen war für die europäischen Christen nicht weniger gefährlich als umgekehrt.

Unterdessen zeigten sich jedoch deutliche Auflösungserscheinungen des mongolischen Großreiches. Zwischen den Clans der Dschingis-Khan-Söhne entwickelten sich immer schärfere Konflikte um die Aufteilung der eroberten Gebiete und die Frage, wer Anspruch auf die Stellung des Großkhans erheben durfte. Dschingis-Khan selbst hatte dieser Entwicklung Vorschub geleistet, indem er nicht, was dem mongolischen Erbrecht entsprochen hätte, seinen jüngsten Sohn Tolui zu seinem Nachfolger in der Funktion des Großkhans bestimmt hatte, sondern seinen dritten Sohn Ögödei. In der Expansionsphase unter Ögödeis Herrschaft spielte dies zunächst noch keine große Rolle, aber als Ögödei 1242 gestorben war, begannen die Streitigkeiten um den Anspruch auf die Würde des Großkhans. 1246 war es Ögödeis Clan gelungen, dessen Sohn Güyük als Nachfolger durchzusetzen, aber ein Teil der Khane verweigerte ihm die Gefolgschaft, und Batu, der die Westexpansion geleitet hatte und das Khanat an der Wolga beherrschte, lehnte sich gegen den neuen Großkhan auf. Nach Güyüks Tod 1248 und der Interimsregentschaft seiner Witwe setzte sich in schweren Auseinandersetzungen der Clan Toluis, den auch Batu unterstützte, wieder durch und erhob 1251 dessen Sohn Möngke zum Großkhan. Möngke beauftragte seinen Bruder Hülegü mit einem weiteren Westfeldzug zur Eroberung der südlich des Kaukasus gelegenen Gebiete, während er gemeinsam mit seinem Bruder Khubilai die Eroberung Südchinas in Angriff nahm. Hülegü eroberte in einem breit angelegten Feldzug große Teile Persiens und des Iraks und besiegte danach die überall gefürchteten Assassinen, deren Hauptfeste Alamut in Nordpersien er 1256 schleifen ließ. Die Assassinen waren ein muslimischer Geheimbund, der in der Zeit der Kreuzzüge zahlreiche Mordanschläge sowohl auf muslimische als auch auf europäische Herrscher verübte (auf sie geht das englische Verb «to assassinate» für «ermorden» zurück), und ihre Vernichtung wurde sowohl bei den Kreuzfahrern als auch bei den muslimischen Herrschern Vorderasiens freudig begrüßt. Wie schon in den zwanziger Jahren erwies sich die Freude angesichts mongolischer Siege über eigene Feinde jedoch als vorschnell, denn Hülegü wandte sich danach gegen das Zweistromland und drang über Täbris bis nach Bagdad vor, das er im Februar 1258 eroberte und damit dem abbasidischen Kalifat, dem ältesten muslimischen Reich des mittleren Ostens, ein Ende bereitete. 1260 eroberte er auch Aleppo und Damaskus und bedrohte damit sowohl das fränkische Königreich Jerusalem als auch das mameluckische Ägypten. Noch im selben Jahr wurde das mongolische Heer jedoch von den ägyptischen Mamelucken bei Ain Galut geschlagen; die mongolische Westexpansion war an ihre Grenzen geraten, und Hülegüs Truppen mussten sich nach Persien zurückziehen. Durch die Eroberungen Hülegüs zwischen Schwarzem Meer, Aralsee und Persischem Golf verschärfte sich der Konflikt zwischen den unterschiedlichen Clanlinien erneut, denn der zum Islam übergetretene Berke Khan, der Nachfolger Batus als Khan der Goldenen Horde, war mit der Eroberung islamischer Gebiete und insbesondere Bagdads, das als Zentrum der islamischen Kultur und als heilige Stadt galt, nicht einverstanden. Außerdem machte Hülegü ihm die Herrschaft über den Kaukasus streitig, der als Grenzgebiet zwischen dem Khanat der Goldenen Horde und den neu eroberten Gebieten lag. Mit Möngke Khans Tod 1259 zerbrach der ohnehin nur noch mühsam aufrechterhaltene Zusammenhalt des mongolischen Großreiches endgültig, die Khanate der Goldenen Horde und der persischen Il-Khane standen sich feindlich gegenüber und führten mehrfach Kriege gegeneinander. Als Großkhan der Mongolen setzte sich 1260 Khubilai durch, der aber weder von der Goldenen Horde noch vom Khanat Tschaghatais anerkannt wurde. Nach seiner Wahl kam es erneut zu innermongolischen Kriegen, durch die das Großreich endgültig in voneinander unabhängige Teilreiche zerfiel. Khubilais Interesse galt ganz Ostasien, seine militärischen Aktionen konzentrierten sich auf die vollständige Eroberung der südchinesischen Sung-Dynastie und angrenzender Gebiete in Südostasien. Anders als frühere Großkhane verzichtete Khubilai denn auch nicht auf seine eigene territoriale Basis und übte auch nach seiner Wahl die Herrschaft über das

Khanat China aus, das sich seit 1271 als Yüan-(Uranfang)Dynastie bezeichnete. Von den mongolischen Teilreichen erkannten nur noch die Il-Khane Khubilai als Großkhan an, aber sie regierten im Prinzip unabhängig von ihm und entwickelten sich zu einer mehr oder weniger selbständigen Dynastie. Die einzelnen Khanate betrieben jetzt auch eine eigenständige Außenpolitik, die Kontakte der Mongolen mit europäischen Herrschern und dem Papst beschränkten sich weitgehend auf die persischen Il-Khane. Während die mit den ägyptischen Mamelucken kooperierenden muslimischen Khane der Goldenen Horde für Osteuropa eine stete Bedrohung blieben, entwickelten sich die Il-Khane zum potentiellen Bündnispartner: Nach der Schlacht von Ain Galut bedrohten nicht mehr die persischen Mongolen, sondern die Mamelucken die Kreuzfahrerstaaten im Heiligen Land, wohingegen das persische Il-Khanat und der lateinische Westen zu potentiellen Bündnispartnern wurden. Wenn ein solches Bündnis de facto auch niemals zustande kam, so führten die wechselseitigen Bemühungen doch zu einem regen Briefwechsel und Gesandtschaftsaustausch zwischen den Päpsten, verschiedenen europäischen Herrschern und den Il-Khanen. Eine Abordnung des persischen Il-Khans nahm sogar am zweiten Konzil von Lyon im Jahre 1274 teil, wo einige von ihnen unter großem zeremoniellen Aufwand getauft wurden. Der Großkhan dagegen geriet aus dem Blickfeld der Europäer, und obwohl Peking nicht entscheidend weiter von Europa entfernt war als Karakorum, gab es nach 1260 kaum noch Kontakte zwischen dem Papst oder europäischen Herrschern und dem Großkhan: Die Mongolen waren jetzt ein mehr oder weniger normaler Bestandteil der geopolitischen Ordnung, und die Fäden der mongolischen Politik liefen nicht mehr in der Hauptstadt des Großkhans zusammen.

Der europäische Fernhandel und die mongolischen Reiche

Die Kaufleute und die Reichtümer Asiens

Gänzlich anders als die diplomatisch-politischen Kontakte zwischen Europa und den Mongolen verliefen die Handelskontakte. Vermutlich waren Fernhandelskaufleute die ersten Europäer, die mit den Mongolen in Kontakt kamen, denn die europäischen Fernhändler hatten ihre Aktivitäten schon zu Beginn des 13. Jahrhunderts bis in die Gebiete ausgedehnt, die seit 1230 von den Mongolen sukzessive erobert wurden. Mongolische Eroberer und europäische Fernhändler dürften schon zusammengetroffen sein, bevor man im herrscherlich-klerikalen Europa stärker auf die Tartaren aufmerksam wurde. Das auf der Krim gelegene Soldaia, wo seit 1206 venezianische Kaufleute urkundlich belegt sind, wurde 1223 von den Mongolen erstmals geplündert und 1239 endgültig eingenommen; seitdem entrichtete die Stadt Tribut an die Khane der Goldenen Horde. Der päpstliche Gesandte Johannes de Plano Carpini begegnete bereits 1247 in Kiew genuesischen, venezianischen und pisanischen Kaufleuten, die *per tartaria* dorthin gereist waren, und Wilhelm von Rubruk, der über Konstantinopel und Soldaia zunächst nach Sarai an der Wolga reiste, war bei den Mongolen von abendländischen Kaufleuten angekündigt worden. Europäische Fernhandelskaufleute waren also mit den Mongolen durch den Handel bereits in den vierziger und fünfziger Jahren des 13. Jahrhunderts relativ gut vertraut: Offensichtlich war es den Kaufleuten sehr rasch gelungen, sich an die Gegebenheiten unter den mongolischen Machthabern anzupassen und funktionierende Handelsbeziehungen herzustellen.

Die Kaufleute dürften unter den mongolischen Eroberungen nicht merklich, zumindest aber nicht längerfristig gelitten haben; jedenfalls ging die Menge der nach Europa transportierten

Waren, soweit sie sich rekonstruieren lässt, nicht zurück. Die Mongolen haben den Ostasienhandel in mancher Hinsicht gefördert: Zum einen bedingte die Entstehung des mongolischen Großreiches eine sehr viel größere Sicherheit der Wege nach Ostasien, zum anderen waren fremde Kaufleute bei den Mongolen gern gesehen und genossen einen gewissen Schutz. Schon unter Khan Ögödei betrachteten die Mongolen den Handel als eine der Hauptstützen ihres Reiches und betrieben eine überaus permissive Handelspolitik, weil sie mittels eines gut organisierten Zoll- und Abgabensystems ihre eigenen Einnahmen stark steigern konnten. Ob es gerechtfertigt ist, angesichts der zunehmenden Auseinandersetzungen zwischen den mongolischen Teilreichen von einer *pax mongolica* zu sprechen, ist zwar zweifelhaft, aber die Handelswege durch Asien waren unter mongolischer Herrschaft wahrscheinlich sicherer als zuvor. Der entscheidende Grund für den Aufschwung des europäischen Handels im 13. Jahrhundert dürfte jedoch in dessen zunehmend effektiverer Organisation durch neue Geschäftsmethoden zu sehen sein sowie in der Fähigkeit europäischer Kaufleute, sich den örtlichen Gegebenheiten und den jeweiligen Machthabern anzupassen, ohne ihre eigenen Interessen aus den Augen zu verlieren.

Darin jedenfalls hatten Fernhandelskaufleute hinreichend Übung. Im Verlauf der Kreuzzüge hatten sich insbesondere die italienischen Seehandelsstädte Venedig und Genua fest in der Levante etabliert und in mehreren Städten der eroberten Gebiete Palästinas Kaufmannsniederlassungen gegründet.

Beim Vierten Kreuzzug 1204 gelang den Venezianern der entscheidende Schritt bei der Durchsetzung ihrer ökonomischen Interessen, als sie die Schiffe der Kreuzfahrer unter der Führung ihres Dogen Enrico Dandolo nicht nach Ägypten, sondern nach Konstantinopel steuerten, das dann im April 1204 von den Kreuzrittern erobert und geplündert wurde. Damit hatten sich die Venezianer die Durchfahrt zum Schwarzen Meer geöffnet, von dem die byzantinischen Kaiser die venezianischen Schiffe zuvor ferngehalten hatten. Zahlreiche venezianische Kaufleute ließen sich daraufhin in Konstantinopel nieder, weshalb die

Zahl der venezianischen Handelshäuser dort in der ersten Hälfte des 13. Jahrhunderts nicht wesentlich geringer war als in Venedig selbst. Bereits 1206 dehnten die Venezianer von Konstantinopel aus ihren Handel bis nach Soldaia auf der Krim aus. Auf diese Weise konnten sie den ägyptischen Zwischenhandel für Waren aus dem Osten teilweise umgehen und ihre Gewinnspannen erheblich vergrößern. Gleichzeitig konnte Venedig damit seine inneritalienischen Konkurrenten im Levantehandel, insbesondere Genua und Pisa, zurückdrängen, da es mit Konstantinopel die Zufahrt zum Schwarzen Meer kontrollierte. Es gelang den Venezianern jedoch nicht, die konkurrierenden Genuesen gänzlich aus dem Schwarzmeerhandel zu verdrängen, da das von ihnen gestützte lateinische Kaiserreich Konstantinopel nicht alle Gebiete beherrschte, die vormals zum byzantinischen Kaiserreich gehört hatten.

Vom Schwarzen Meer aus reichten die Handelsrouten durch ganz Zentralasien bis nach China: Von der Krim und dem an der Nordostküste des Asowschen Meeres gelegenen Tana führte über Sarai an der Wolga und danach am Ostufer des Kaspischen Meeres entlang die nördliche Seidenstraße über die alten Handelsstädte Urgentsch (ital. Organza), Buchara und Samarkand bis nach China; von dem an der Südostseite des Schwarzen Meeres gelegenen Trapezunt gelangte man über das persische Täbris auf der südlichen Seidenstraße ebenfalls bis nach Indien und China oder hinab ins Zweistromland und nach Hormus am persischen Golf, wo Schiffe aus Indien ihre Fracht entluden. Auf diesen Handelsrouten wurden die Waren transportiert, die in den prosperierenden Städten und an den Höfen des christlichen Europa äußerst begehrt waren und teuer bezahlt wurden: Gewürze, pharmazeutische Mittel, Farbstoffe, Seide, Organza (ein sehr feiner, duftiger Seidenstoff, der seinen Namen von der Stadt an der Seidenstraße hat), Brokatstoffe, Perlen, Edelsteine und Sklaven. Der Gewürzhandel wurde in erster Linie von den Venezianern dominiert, während die Genuesen im Seidenhandel führend waren. Die europäischen Kaufleute importierten jedoch nicht nur Waren aus dem Osten, sondern sie exportierten auch Waren in den Osten. Trotz der Bemühungen der europäischen

Kaufleute, Importe und Exporte in der Balance zu halten, war die negative Handelsbilanz der Europäer eines der entscheidenden Probleme des Orienthandels. Da die gelieferten europäischen Waren meist von geringerem Wert waren als die eingekauften Luxuswaren des Orients, kam es zu einem massiven Gold- und Silberabfluss von Europa nach Asien. Genuesen und Venezianer lieferten Woll- und Leinenstoffe sowie Edelmetalle in den Osten; eine venezianische Exportspezialität waren auch die in Murano hergestellten Kristallwaren sowie mechanische Uhren. Eine Reihe dieser Exportartikel sind in dem 1264 in Täbris abgefassten Testament des venezianischen Kaufmanns Pietro Vilioni aufgeführt. Er hinterließ Stoffe aus Venedig und der Lombardei, Leinwand aus Deutschland und Flandern, Kelche, Kandelaber, Gläser sowie ein kristallenes Schachspiel aus Venedig.

Die regen Handelsbeziehungen führten eine große Zahl europäischer, insbesondere venezianischer und genuesischer Fernhandelskaufleute in das Innere Asiens und bis nach China. Aber außer den kostbaren Waren, die sie in den Westen brachten, hinterließen diese Kaufleute kaum Spuren, die ihre Anwesenheit in Asien dokumentieren könnten. Nur in den seltensten Fällen liegen Dokumente vor, aus denen die Namen von im Asienhandel tätigen europäischen Kaufleuten hervorgehen. Zwar kennt man die Namen zahlreicher Genueser und Venezianer Fernhandelsfamilien, aber wo sie Handel trieben, wohin sie reisten, wie lange sie in Asien blieben und welche Erfahrungen sie machten, ist kaum bekannt. Dass der venezianische Kaufmann Pietro de Lucalongo als Fernhändler in China war, weiß man beispielsweise nur durch den franziskanischen Missionar und Erzbischof von Peking, Johannes da Montecorvino. In einem Brief an seine Ordensbrüder berichtete er, der *fidelis christianus et magnus mercator* Petrus de Lucalongo, mit dem er 1291 gemeinsam von Täbris nach China gereist sei, habe 1305 in bester Lage in Khanbaliq ein Grundstück erworben und es ihm für den Bau einer Kirche geschenkt. Außer dieser Nachricht, die darauf schließen lässt, dass Pietro de Lucalongo über gute Beziehungen im mongolischen China und ein ansehnliches Vermögen verfügte, ist über den zwischen China und Europa pendelnden Fernhandelskaufmann nichts bekannt. Hätte Johannes ihn nicht erwähnt, so wüsste man zwar vielleicht von einem venezianischen Kaufmann dieses Namens, aber nicht, dass er bis nach China gelangt war. Manche Kaufleute kennt man auch nur aus zufällig gemachten archäologischen Funden: 1951 wurden in Yangzhou zwei Grabsteine aus den Jahren 1342 und 1344 aufgefunden, die für die verstorbenen Kinder Domenicos de Vilioni, Katerina und Antonius, angefertigt wurden und dokumentieren, dass Mitglieder der Familie Vilioni dort in der ersten Hälfte des 14. Jahrhunderts gelebt haben. Ob es sich bei ihnen um Nachfahren jenes Pietro de Vilioni handelte, der 1264 in Täbris sein Testament abfasste, kann nur gemutmaßt werden, aber wenn dem so ist, dann war die venezianische Kaufmannsfamilie Vilioni über sehr lange Zeit im Asienhandel tätig und hatte sich teilweise fest in China niedergelassen, ohne dass man darüber mehr weiß, als die zufällig überlieferten Überreste offenbaren.

Eine venezianische Kaufmannsfamilie

Gleiches würde zweifellos auch für die venezianische Kaufmannsfamilie Polo gelten, wenn nicht eines ihrer Mitglieder den berühmtesten Fernostasienbericht des Mittelalters verfasst hätte. Ohne diesen Bericht wäre der Name Polo nur in einigen belanglosen Dokumenten aufgetaucht, denen man zwar hätte entnehmen können, dass eine Familie dieses Namens im Fernhandel tätig war, aber niemand hätte je erfahren, dass mehrere Mitglieder dieser Familie bis nach China gereist sind und dort viele Jahre ihres Lebens verbrachten. Und auch diese Dokumente wurden nur ausgegraben, weil Philologen und Historiker es sich seit dem 19. Jahrhundert zur Aufgabe gemacht hatten, sämtliche Dokumente aufzustöbern, in denen der Name Polo vorkam, um herauszufinden, aus welcher Familie der berühmte Marco Polo stammte, der nach Alexander von Humboldts Einschätzung «der größte Reisende aller Zeiten» war.

Nach dem, was sich diesen Urkunden entnehmen lässt, gehörte die Familie Polo zu jenen venezianischen Familien, von denen sich ein Teil seit Beginn der venezianischen Expansion im östlichen Mittelmeer und am Schwarzen Meer angesiedelt hatte. Im Jahre 1211, also wenige Jahre nach der Eroberung Konstantinopels, in deren Folge die Venezianer auch die Herrschaft über Kreta erlangt hatten, wurde einem Ser Domenico Polo da San Marco ein Lehen (Cavalleria) auf Kreta verliehen; 1232 wurde auch einem Ser Piero Polo ein solches Lehen zugesprochen. Andere Mitglieder der Familie Polo ließen sich offenbar direkt in Konstantinopel und später auch in Soldaia nieder, was freilich nur aus dem am 27. August 1280 abgefassten Testament Marco Polos des Älteren hervorgeht. Dieser Marco Polo war der Onkel des berühmten Marco Polo und er wird üblicherweise mit dem Beinamen «der Ältere» belegt, um ihn von seinem Neffen zu unterscheiden. In seinem Testament bezeichnete er sich als «quondam de Constantinopoli nunc habitator S. Severi» (vgl. Zorzi, Marco Polo, S. 396 f.); er war also vermutlich einer jener Kaufleute, die sich in Konstantinopel niedergelassen hatten, später aber – möglicherweise im Zusammenhang mit der Vertreibung der Venezianer im Jahre 1261 – wieder nach Venedig zurückgekehrt waren. Als Haupterben setzte er seinen Sohn Niccolò ein, von dem er angab, dass er in Soldaia lebe; weitere Erben waren seine Tochter sowie sein Neffe Marco, der berühmte Reisende also, der sich zu diesem Zeitpunkt in China aufhielt. Als Testamentsvollstrecker wurden seine Brüder Niccolò und Maffeo sowie seine Schwägerin Fiordelise Trevisan genannt. Mit keinem Wort erwähnt das Testament die Tatsache, dass einer der Erben und zwei der Testamentsvollstrecker seit neun Jahren nicht mehr in Venedig weilten, und entsprechend geht daraus auch nicht hervor, wo sie sich aufhielten. Das Testament offenbart lediglich, dass Marco Polo der Ältere eine zeitweilige Niederlassung in Konstantinopel aufgegeben hatte, in Soldaia aber nach wie vor eine Handelsniederlassung unterhielt, die von seinem ältesten Sohn geführt wurde. Womit die Familie handelte, ist ebenfalls nicht bekannt; nach den im Bereich des Schwarzmeerhandels üblichen Handelsgütern zu schließen, betrieb sie wahrscheinlich eine Art von Gemischtwarenhandel mit Hölzern, Stoffen und

Salz, vielleicht auch mit Edelsteinen und Gewürzen. Rodolfo Gallo (vgl. Marco Polo, S. 112 ff.) hat die Auffassung vertreten, die Familie Polo sei vorwiegend im Edelsteinhandel tätig gewesen, aber diese Auffassung ist nicht belegbar. In späteren Dokumenten ist von unterschiedlichen Handelsgütern die Rede; 1311 verklagte Marco Polo einen Kaufmann namens Paolo Girardo, weil dieser ihm über einen Posten Moschus, dessen Handel Marco Polo finanzierte, keine Abrechnung vorgelegt hatte, und 1319 genehmigte der *Maggior Consiglio* von Venedig Stefano Polo, einem Halbbruder Marco Polos, die Ausfuhr von Getreide als Ausgleich für das, was er beim Untergang seines Schiffes bei der Rückkehr aus Tana verloren hatte.

Auch aus den wenigen überlieferten persönlichen notariellen Dokumenten Marco Polos lässt sich kaum mehr schließen, als dass er über ein gewisses Vermögen verfügte. Das erste dieser Dokumente war die Abrechnung über die Mitgift seiner zukünftigen Frau Donata Badoer zu seinen Gunsten aus dem Jahre 1312 (vgl. Orlandini, Marco Polo, Dok. 9, S. 32). Diese Mitgift war nicht unerheblich, denn die Braut stammte aus dem venezianischen Patriziat. Die Tatsache, dass Marco Polo, dessen Herkunft nicht vergleichbar nobel war, sie heiraten konnte, spricht dafür, dass er über einiges Vermögen verfügte und ein gewisses Ansehen genoss.

Als nächstes Dokument ist dann erst wieder Marco Polos Testament vom 9. Januar 1324 überliefert. Darin schreibt er, «... da es ein Geschenk der göttlichen Eingebung ist und die Entscheidung eines vorausdenkenden Verstandes, dass ein jeder Sorge trage, über seine Güter zu verfügen, damit sie nicht schlecht geordnet zurückbleiben ... [und] da ich mich durch Krankheit des Körpers jeden Tag schwächer werden fühle, durch Gottes Gnade aber geistig gesund bin» (zit. nach Orlandini, Marco Polo, Dok. 14, S. 56 ff., Übers. MM), wolle er seine finanziellen Angelegenheiten wie folgt regeln: Seine Frau und seine drei Töchter sollten Testamentsvollstreckerinnen sein und dafür Sorge tragen, dass die Kirche ordnungsgemäß den Zehnten und das Kloster von San Lorenzo, wo er beigesetzt werden solle, darüber hinaus 20 Soldi grossi erhalte. Seine Schwägerin

Isabetta Querini solle eine Schuld von 300 Lire zurückgezahlt bekommen; 40 Soldi sollten einem der Klöster und Hospize des Dogado ausgezahlt werden; dem Kloster der Predigerbrüder von SS. Giovanni e Paolo und einem Bruder Tenturio oder Tentorio (andere lesen Raniero) desselben Klosters sollten die 10 Lire zurückgezahlt werden, die er ihm schulde; 5 Lire sollten dem Bruder Benvenuto vom Predigerorden ausgezahlt werden, 5 Lire einer beliebigen Kongregation vom Rialto und 4 Lire jeder Bruderschaft oder frommen Gemeinschaft, der er angehört habe. Sein Sklave Pietro Tartaro solle freigelassen werden und 100 Lire di danari piccoli erhalten und darüber hinaus all das, was er mit seiner Arbeit verdient habe. Seine Frau solle außer ihrer Mitgift, der Garderobe und der Einrichtung, einschließlich der drei vollständigen Bettgarnituren ihrer Aussteuer, eine jährliche Rente von 8 Dukaten erhalten. Zurückbleibende Universalerbinnen seien zu gleichen Teilen seine Töchter.

Außer der Erwähnung des Sklavens Pietro Tartaro bot dieses Testament keinen einzigen Hinweis auf Marco Polos Chinaaufenthalt. Lediglich das letzte Dokument aus den Akten der Stadt Venedig, das sich auf Marco Polo bezieht und aus dem Jahr 1366 stammt, kann als Beleg für Marco Polos Aufenthalt am Hof des mongolischen Großkhans angesehen werden. Es listet jenen Teil von Marco Polos Besitztümern auf, der an seine Tochter Fantina gegangen war. Darunter befanden sich ein großes goldenes Schmuckstück mit Perlen und Edelsteinen und eine «tola I. doro granda de comandamento», eine große goldene Befehlstafel (vgl. Orlandini, Marco Polo, Dok. 69, S. 56 f.), wie sie der mongolische Großkhan seinen Gesandten ausstellte, damit ihnen freies Geleit, regelmäßige Pferdewechsel und Verpflegung gewährt wurden. Die Identifikation der *tola doro* als mongolischer Paiza musste sich freilich wieder auf den Bericht stützen, ohne den der Goldtafel in Marco Polos Besitz keine signifikante Bedeutung zuzuweisen gewesen wäre.

So lässt sich den überlieferten Dokumenten nicht viel mehr entnehmen, als dass Marco Polo aus einer mittleren venezianischen Kaufmannsfamilie stammte, die über ein ansehnliches Vermögen verfügte, das sie nach den venezianischen Grundbüchern vor allem in städtischen Grundbesitz investierte. Sie handelte offenbar mit unterschiedlichen Waren und war spätestens seit der Mitte des 13. Jahrhunderts und auch noch in den ersten Dekaden des 14. Jahrhunderts im Asienhandel tätig, gehörte jedoch nicht zu den wirklich großen und bedeutenden venezianischen Familien. Sie war eine jener mittleren Kaufmannsfamilien, die mit ihren Niederlassungen an der Schwarzmeerküste von der Öffnung Asiens für europäische Kaufleute profitierten und damit ein beachtliches, aber kein überwältigendes Vermögen erwarben. Daran war nichts Ungewöhnliches, und auch wenn die Gebrüder Polo tatsächlich zu den ersten europäischen Kaufleuten gezählt haben mögen, die über die Seidenstraße bis nach China gelangten, so sind es doch weder ihre Reisen noch ihre Begegnungen mit mongolischen Herrschern, die sie von anderen Kaufleuten unterscheiden. Das gilt auch für Marco Polo selbst: Was ihn außergewöhnlich macht, ist nicht die Tatsache, dass er als Siebzehnjähriger von seinem Vater auf dessen zweiter Reise nach China mitgenommen wurde und dort einen großen Teil seines Lebens verbrachte, sondern dass er einen Bericht über das abfasste, was er gesehen und erfahren hat. Insofern hatte Alexander von Humboldt mit seiner Einschätzung, Marco Polo sei der größte Reisende aller Zeiten, durchaus Unrecht: Marco Polo war keineswegs der größte Reisende aller Zeiten, er war nicht einmal der größte Reisende des späten Mittelalters. Wenn er, wie sein Vater und sein Onkel, die sich insgesamt viel länger als er selbst in Asien aufhielten und vermutlich nicht weniger herumkamen, keine einzige Zeile über seinen Aufenthalt hinterlassen hätte, wäre sein Name und mit ihm der ihre vom Staub der Archive verschluckt worden. In Venedig selbst jedenfalls sind heute von Marco Polo keinerlei Spuren zu entdecken. Sowohl sein Grab im Kloster San Lorenzo als auch das Haus der Familie Polo in San Giovanni Crisostomo sind verschwunden; was von dem großen Reisenden geblieben ist, ist das Buch, das seinen Ruhm begründet hat.

Zwei Reisen – ein Bericht

Marco Polos Vorläufer: Niccolò und Maffeo Polo

Dass die beiden jüngeren Brüder der Kaufmannsfamilie Polo, Marco Polos Vater Niccolò und sein Onkel Maffeo, sich 1260 auf eine Handelsreise begaben, die sie zunächst von Konstantinopel über das auf der Krim gelegene Soldaia nach Sarai an der Wolga führte, weiß man nur aus Marco Polos Bericht. Kein geschäftliches oder juristisches Dokument belegt diese erste Handelsreise der Gebrüder Polo zu den Mongolen, und weder Marco Polos Vater noch sein Onkel haben auch nur eine Zeile über ihre erste Reise hinterlassen, die immerhin neun Jahre dauerte und sie weit über ihr ursprüngliches Ziel hinaus quer durch ganz Asien bis nach Peking geführt hatte. Als Vorgeschichte zu seiner eigenen Reise und zur Entstehung seines Buches ist diese Reise von Marco Polos Vater und Onkel denn auch in seinen Bericht eingegangen. Ganze neun kurze Kapitel hat Marco Polo dieser Reise gewidmet, an die sich noch einmal neun Kapitel anschließen, in denen er seine eigene Reise als Begleiter des Vaters und des Onkels, seine Ernennung zum Gesandten des Großkhans und schließlich die Umstände der Rückkehr nach Europa schildert. Gemeinsam bilden diese achtzehn Kapitel nach dem einleitenden Grußwort an den Leser oder Hörer, der *salutatio* oder dem *prologus praeter rem*, eine Art narrativen Prolog zu Marco Polos Beschreibung Asiens, den *prologus ante rem* – so werden sie in einem großen Teil der Handschriften auch bezeichnet. Narrativ kommt der ersten Reise der Gebrüder Polo damit vor allem die Funktion zu, Marco Polos eigenen Weg nach China und in den Dienst des Großkhans zu begründen.

Als die Gebrüder Polo 1260 von Konstantinopel nach Soldaia aufbrachen, begaben sie sich wahrscheinlich von einer Niederlassung der Familie zur nächsten, um von dort aus weiter nach Osten zu ziehen, neue Geschäftsbereiche zu eröffnen und

Handelswege zu beschreiten, wie es für die jüngeren Brüder einer *fraterna compagna* üblich war. Das Jahr 1260 war für venezianische Kaufleute sicherlich ein günstiger Zeitpunkt, um Konstantinopel zu verlassen, denn dass das lateinische Kaisertum, auf das sich die Stellung der Venezianer am Bosporus stützte, kurz vor dem Zusammenbruch stand, dürfte für jeden unübersehbar gewesen sein, der mit den dortigen Verhältnissen vertraut war. Möglicherweise hatten die Polos vor ihrem Aufbruch die Konstantinopeler Niederlassung sogar gänzlich aufgelöst, um nicht in den Abstiegsstrudel des lateinischen Kaisertums zu geraten, und versuchten nunmehr, ihre geschäftlichen Aktivitäten vom Schwarzen Meer aus weiter nach Osten zu verlagern. Solche konkreten Beweggründe für ihren Aufbruch nach Osten nennt Marco Polo freilich nicht, wie er auch nicht erwähnt, dass die Familie Polo sowohl in Konstantinopel als auch in Soldaia auf der Krim Handelsniederlassungen unterhielt. Nach seinen Angaben entschlossen sich die beiden edlen und weitsichtigen Kaufleute Niccolò und Maffeo Polo unvermittelt, das Schwarze Meer zu überqueren «por gaagner et por fer leur profit», um Handel zu treiben und Gewinn zu machen. Sie erwarben daher Schmuck und Edelsteine, die sich leicht mitführen ließen, und schifften sich nach Soldaia auf der Krim ein. Nachdem sie sich daselbst einige Zeit aufgehalten hatten, zogen sie weiter nach Sarai, der Hauptstadt der Goldenen Horde. Das am Unterlauf der Wolga gelegene Sarai war eine Neugründung der Mongolen und zu diesem Zeitpunkt wohl eher ein Zeltlager als eine befestigte Stadt, aber es war der Sitz ihres Herrschers Berke Khan, der in einem goldenen Zelt residierte, das dem Khanat seinen Namen verlieh. Nach Marco Polos Darstellung zeigte sich Barca (=Berke) Khan von der Ankunft der Venezianer hoch erfreut und empfing sie überaus ehrenvoll, woraufhin sie ihm alle die Edelsteine und Schmuckstücke schenkten, die sie mit sich führten. «Die beiden Brüder schenkten ihm alle Kleinodien, die sie bei sich hatten. Barca nahm sie gerne an, sie gefielen ihm außerordentlich, und als Gegengeschenk gab er ihnen das Doppelte an Wert» (ed. Guignard, S. 9).

Mit dieser höfisch geprägten Szene von ehrenvollem Empfang

und dem Austausch von Geschenken beschrieb Marco Polo eine Form des Warentauschs, die im Handel zwischen europäischen Kaufleuten und mongolischen Herrschern durchaus nicht unüblich war. In mehreren venezianischen und genuesischen Urkunden ist belegt, dass europäische Kaufleute an mongolischen Höfen ihre Waren dem jeweiligen Khan oder einem seiner Hofbeamten überreichten und im Gegenzug andere Waren erhielten, ohne dass zuvor ein Preis ausgehandelt worden war. Die Kaufleute berechneten den Wert der eingetauschten Waren erst nach erfolgtem Tauschhandel; ihre Profitrate hing somit von der Großzügigkeit des jeweiligen Herrschers und dem Preis ab, der in Europa für die eingetauschten Waren erzielbar war. Offensichtlich ließen sich mit dieser Form des Tauschhandels recht hohe Gewinne machen, wenngleich sie nicht ganz ohne Risiko war, wie aus einer Reihe überlieferter Urkunden hervorgeht: So überreichten 1286 die venezianischen Kaufleute Pietro Viadro und Simeone Avventurato dem persischen Il-Khan Arghun Edelsteine und venezianische Kristallwaren, aber die Gegengabe war nach ihren Berechnungen von deutlich geringerem Wert als ihre eigenen Waren; ein anderes Mal nahmen die Mongolen die Waren sogar, ohne den Kaufleuten ein «Gegengeschenk» zu überreichen (Petech, Les marchands, S. 562). Wenn Marco Polos Angaben hinsichtlich des erzielten Gewinns zutreffend sind, war seinem Vater und seinem Onkel größeres Glück beschieden, denn die Gegengabe des Khans war doppelt so viel wert wie ihre mitgebrachten Kleinodien – ein Gewinn von einhundert Prozent also, was im Asienhandel eine ansehnliche, aber keine außergewöhnliche Gewinnspanne war. Bemerkenswert an Marco Polos Beschreibung des Tauschhandels zwischen den Gebrüdern Polo und Berke Khan ist freilich weniger die Höhe des Gewinns als die Art der Darstellung: Was im Handel zwischen europäischen Kaufleuten und mongolischen Herrschern ein übliches Verfahren war, bei dem *pro forma* Geschenke ausgetauscht wurden, erscheint in Marco Polos Darstellung *de facto* als eine Form courtoisen Gabentauschs, der die ehrenvolle Aufnahme der Gebrüder an einem mongolischen Hof repräsentiert. Diese Tendenz ist noch deutlicher in jener Version von Marco Polos Bericht, die der Venezianer Giovanni Battista Ramusio Mitte des 16. Jahrhunderts in die von ihm unter dem Titel *Navigazioni e Viaggi* herausgegebene Sammlung von Reiseberichten aufnahm. Berke Khan wird hier bereits vor dem Zusammentreffen mit den Gebrüdern Polo als einer der freigebigsten und höfisch gebildetsten Herrscher bezeichnet, die es je bei den Tartaren gegeben habe, und der Austausch von Waren ist eindeutig als ein Austausch von Geschenken beschrieben. «Als sie ihm die mitgebrachten Juwelen gezeigt hatten und dabei bemerkten, wie gut sie ihm gefielen, boten sie sie ihm großzügig als Geschenk an. Der Khan war von der großen Höflichkeit und Großzügigkeit der beiden Brüder sehr beeindruckt, und weil er sich von ihnen an Freigebigkeit nicht übertreffen lassen wollte, ließ er ihnen nicht nur das Doppelte an Wert überreichen, sondern fügte auch noch überaus große und reiche Geschenke bei» (ed. Milanesi, III, S. 79, Übers. MM).

In beiden Varianten trat die Kaufmannschaft der Gebrüder Polo deutlich in den Hintergrund; was als Beschreibung einer Handelsfahrt begonnen hatte, wurde zur Beschreibung einer Reise, in der der Handel keine Rolle mehr spielte. So berichtet Marco Polo denn auch nichts davon, ob Niccolò und Maffeo Polo während ihres einjährigen Aufenthaltes im Reich der Goldenen Horde als Kaufleute tätig waren. Er erwähnt lediglich, der Khan habe sie in seinem Reich hierhin und dorthin geschickt, wo sie stets gut aufgenommen worden seien. Wahrscheinlich ist, dass die venezianischen Kaufleute von Berke Khan nach dem ersten Tauschhandel die Erlaubnis erhalten hatten, sich in seinem Reich frei zu bewegen und Handel zu treiben, aber in Marco Polos knapper Darstellung erscheint der einjährige Aufenthalt eher als Ausdruck der ebenfalls zu den höfischen Tugenden zählenden Gastfreundschaft des mongolischen Herrschers. Nachdem die Brüder sich ein Jahr im Reich Berke Khans aufgehalten hatten, so Marco Polo, entschlossen sie sich, wieder heimzukehren, doch just zu diesem Zeitpunkt brach Krieg aus zwischen Barca und Alau (= der Il-Khan Hülegü), der ihnen den Rückweg nach Konstantinopel versperrte.

Bei diesem Krieg handelte es sich um die Auseinandersetzung zwischen der Goldenen Horde und dem Il-Khanat um die Vorherrschaft im Kaukasus, der zu den ersten innermongolischen Kriegen gehörte, die sich aus den früheren Clanstreitigkeiten entwickelt hatten. Entgegen Marco Polos Darstellung dürfte dieser Krieg den Weg zum Schwarzen Meer jedoch kaum versperrt haben, denn die Schlachten zwischen den mongolischen Heeren fanden im Kaukasus statt, weshalb die sehr viel weiter nördlich verlaufende Straße zwischen Sarai und Soldaia davon wenig betroffen gewesen sein dürfte. Was den Polos den Rückweg nach Konstantinopel versperrte, war wohl eher der Zusammenbruch des lateinischen und die Wiedererrichtung des griechischen Kaisertums nach der zwischenzeitlich erfolgten Einnahme der Stadt durch die Truppen des neuen oströmischen Kaisers Michail Palaiologos, in deren Folge alle venezianischen Kaufleute enteignet und aus der Stadt vertrieben worden waren. Nachrichten darüber könnten durchaus bis an die Wolga gelangt sein, denn zwischen der Goldenen Horde und den neuen Herrschern von Byzanz bahnten sich bald diplomatische Kontakte an. Wenn der Krieg im Kaukasus einen Weg versperrte, so dürfte es eher der am Westufer des Kaspischen Meeres entlangführende Handelsweg zwischen Sarai und dem persischen Täbris gewesen sein. Diese Route hätte sich für die Venezianer am ehesten als Alternative angeboten, wenn sie Konstantinopel meiden wollten, denn von Täbris aus konnte man auf der südlichen Seidenstraße bis nach Lajazzo (Ayas) an der kleinarmenischen Mittelmeerküste gelangen. Da die Polos diesen Weg jedoch nicht einschlagen konnten, reisten sie nördlich des Kaspischen Meeres entlang weiter nach Osten und folgten dann der zwischen dem Kaspischen Meer und dem Aral-See in südöstlicher Richtung verlaufenden Handelsstraße, die über Urgentsch nach Buchara führte, einer der bedeutendsten Handelsstädte an der Seidenstraße. Hier war ihnen freilich erneut der Weg versperrt, denn auch im Khanat Tschaghatai, zu dem Buchara gehörte, bekriegten mongolische Heere einander. Anlass dieser Auseinandersetzungen war der Machtkampf zwischen den Brüdern des verstorbenen Großkhans Möngke, Arig-Böke und

Khubilai Khan, um dessen Nachfolge. Möngke selbst hatte den in Karakorum im Zentralkhanat herrschenden Arig-Böke zu seinem Nachfolger bestimmt, während er Khubilai lediglich das Khanat Nordchina übertragen hatte. Khubilai hatte sich jedoch zum Großkhan ausrufen lassen und versuchte, seinen Bruder in die Knie zu zwingen, indem er ihm die Getreidezufuhr aus China sperren ließ. Arig-Böke entsandte daraufhin Truppen in das Khanat Tschaghatai, um von dort Getreide zu beschaffen, aber der von ihm entsandte Prinz Algu verfolgte eigene Interessen und nutzte die Gelegenheit, um in Teilen des Khanats ein eigenes Machtzentrum zu schaffen. Das im Westen an das Khanat Tschaghatai angrenzende Il-Khanat schlug sich dagegen auf die Seite Khubilais, wodurch es auch an der Westgrenze des Khanats zu kriegerischen Auseinandersetzungen kam, so dass von Buchara aus der Weg sowohl nach Osten als auch nach Westen versperrt war. Marco Polo geht auf diese kriegerischen Ereignisse nicht ein, sondern erwähnt lediglich lapidar, sein Vater und sein Onkel seien drei Jahre in Buchara geblieben, weil sie weder in der einen noch in der anderen Richtung hätten weiterreisen können. Darüber, was die beiden in dieser Zeit in Buchara taten, mit wem sie Kontakt hatten, wo sie wohnten, wovon sie lebten und ob sie als Kaufleute tätig waren, verliert er ebenfalls kein Wort. Das einzig Erwähnenswerte an dieser Etappe ihrer Reise war für ihn ihre Zusammenkunft mit einem Abgesandten des persischen Il-Khans Hülegü, der sich auf dem Weg zu Großkhan Khubilai befand und in Buchara Station machte. Dieser Gesandte lud sie nach Marco Polos Darstellung ein, ihn zu Großkhan Khubilai zu begleiten, der noch nie einen Lateiner gesehen habe und sehr erfreut sein werde, sie kennenzulernen. Da der Gesandte ihnen sicheres Geleit zum Großkhan versprach, hätten sich die beiden entschlossen, mit ihm zu reisen.

Mit diesem Entschluss nimmt die Reise der Gebrüder Polo eine neuerliche Wendung, durch die sie in einen völlig anderen Kontext tritt. Mit ihrem Empfang bei Khubilai Khan, dem Großkhan der Mongolen, verwandeln sich die venezianischen Kaufleute in kulturelle Vermittler, die dem mongolischen Herrscher über ihre eigene Kultur berichten. «Hocherfreut empfing der oberste Herrscher Messer Nicolao und Messer Maffeo und begrüßte sie herzlich. Er wollte allerhand von ihnen wissen; erstens bat er um Auskunft über die Kaiser, nach welchen Grundsätzen sie regierten, wie sie Krieg führten; er interessierte sich für alles, was ihre Person und ihr Amt betrifft. (...) Der Khan fragte die Polos aus über den Papst, über die Institutionen der römischen Kirche und über die Sitten und Lebensgewohnheiten der Lateiner. Beide, Messer Nicolao und Messer Maffeo, beantworteten alles wahrheitsgemäß. Sie drückten sich klar und verständlich aus, denn sie waren kluge Männer und sprachen geläufig tartarisch» (ed. Guignard, S. 12). Diese Schilderung des ersten Zusammentreffens zwischen den Gebrüdern Polo und Khubilai Khan unterscheidet sich deutlich von der Beschreibung, die wenige Jahre zuvor der Franziskanermönch Wilhelm von Rubruk von seinem Empfang beim mongolischen Großkhan gegeben hatte. Denn während die Gebrüder Polo dem Großkhan bereitwillig Auskunft erteilten, hatte der franziskanische Gesandte, der noch ganz unter dem Eindruck der Mongolenstürme stand, gerade solche Auskünfte zu vermeiden versucht und empört vermerkt, die Mongolen hätten ihn gerade so befragt, als wollten sie nächstens in Frankreich einfallen (vgl. Rubruk, Reise zu den Mongolen, S. 196f.). Was in den fünfziger Jahren des 13. Jahrhunderts noch eine Situation des misstrauischen Abtastens und Taktierens war, verwandelte sich nach Marco Polos Darstellung in den sechziger Jahren des Jahrhunderts in unproblematische interkulturelle Neugierde, die den Weg zu höfisch geprägtem kulturellen Austausch eröffnete und überdies der christlichen Mission den Weg bereitete. Der Großkhan, so schreibt er, sei von den Erzählungen der Brüder so beeindruckt gewesen, dass er sie mit einer Gesandtschaft an den Papst betraut habe. Sie sollten dem Papst ein Schreiben überbringen, in dem der Großkhan diesen bat, einhundert Gelehrte zu schicken, die die Sieben Freien Künste beherrschten, damit sie den Tartaren beweisen könnten, dass die von ihnen angebeteten Götzenbilder allesamt Werke des Teufels seien (vgl. ed. Guignard, S. 13). Außerdem sollten sie dem Großkhan Öl von der Lampe über dem Heiligen Grab mitbringen. Aus den venezianischen Kaufleuten wurden damit Gesandte des Großkhans der Mongolen, die nicht mehr einfach nach einer längeren Handelsreise in ihre Heimatstadt zurückkehrten, sondern in offizieller Mission den Papst aufsuchten.

Gesandtschaftsaufträge mongolischer Khane an europäische Kaufleute waren im Prinzip nichts Ungewöhnliches. Für die Kontakte mit europäischen Herrschern bedienten sich insbesondere die persischen Il-Khane wiederholt genuesischer und venezianischer Fernhandelskaufleute, um Botschaften zu übermitteln und diplomatische Verhandlungen zu führen. Aufgrund ihrer Sprachkenntnis, die Marco Polo auch für seinen Vater und seinen Onkel hervorhob, und der Tatsache, dass sie ohnehin zwischen Asien und Europa hin- und herpendelten, waren Fernhandelskaufleute für solche Aufträge gut geeignet. Außerdem scheuten die mongolischen Herrscher sich nicht, Europäer als eigene Gesandten einzusetzen, zumal sie sich für die Verwaltung ihres zusammeneroberten Reiches ohnehin häufig Fremder bedienten. Allerdings dienten die Kontakte zu diesem Zeitpunkt in der Regel dem Ziel, militärische Bündnisse gegen einen gemeinsamen Feind, nämlich die ägyptischen Mamelucken, herbeizuführen und hatten kaum religiöse Aspekte. So sprach der Genueser Kaufmann Buscarello dei Ghisolfi im September 1289 als Gesandter des persischen Il-Khans Arghun bei Papst Nikolaus IV. vor, um ihm ein Bündnis gegen die Sarazenen vorzuschlagen, und trat in der Folgezeit mehrfach als Gesandter des Il-Khans an europäischen Höfen auf. Von solchen genuin politischen und strategischen Aspekten ist in Marco Polos Schilderung nichts zu spüren. Die Vermittlungsfunktion der Gebrüder Polo zwischen dem «obersten Herrscher der Tartaren» und dem religiösen Oberhaupt der Christenheit erscheint als eine ganz im Dienst der Verbreitung des christlichen Glaubens stehende Aufgabe, zu der sie selbst mit ihren Erzählungen über die Institutionen der Römischen Kirche beigetragen hatten.

Als die Polos nach einer Reisedauer von drei Jahren 1269 im Heiligen Land eintrafen, war der Stuhl Petri jedoch verwaist, denn Clemens IV. war 1268 verstorben und ein Nachfolger noch nicht gewählt worden. Die beiden wandten sich nach Marco Polos Erzählung deshalb in Akkon an den dort weilenden Kardinallegaten Tedaldo Visconti da Piacenza und berichteten ihm von ihrem Auftrag. «Aufmerksam und erstaunt hört der Legat den zwei Brüdern zu, und es leuchtet ihm sogleich ein, wie vorteilhaft und ehrenvoll die Angelegenheit für die Christenheit wäre» (ed. Guignard, S. 15). Der Legat habe ihnen empfohlen, die Neuwahl des Papstes abzuwarten, deshalb seien sie zunächst nach Venedig gereist, wo Niccolò erfahren habe, dass seine Frau verstorben war und ihm einen jetzt fünfzehnjährigen Sohn mit Namen Marco hinterlassen habe, und «das ist der Marco, um den es sich in diesem Buch handelt» (ed. Guignard, S. 15). Mit der Ankunft in Venedig endet die erste Reise der Gebrüder Polo, ohne dass davon berichtet würde, wie die beiden nach mehr als neunjähriger Abwesenheit empfangen wurden, wie man in der venezianischen Kaufmannsfamilie auf ihre Verwandlung aus Fernhandelskaufleuten in mongolische Gesandte reagierte oder auch wie der junge Marco das plötzliche Auftauchen seines Vaters erlebte. Die personale Darstellung verwandelte sich hier so wenig wie bei der nachfolgenden zweiten Reise, an der Marco Polo dann teilnahm, in eine persönliche Perspektive.

Die zweite Reise: Marco Polos Weg nach China

Mit der ersten Erwähnung Marco Polos beginnt die Darstellung der zweiten Reise, die nun keine Reise mehr ins Ungewisse ist, sondern die Rückkehr der Gebrüder Polo zu ihrem mongolischen Auftraggeber. Nachdem sie zwei Jahre vergeblich auf die Neuwahl des Papstes gewartet hatten, hätten sie sich, so Marco Polos Bericht, schließlich entschlossen, ohne die erbetenen einhundert Gelehrten, aber unter Mitnahme von Niccolòs Sohn Marco nach China zurückzukehren, weil sie meinten, den Großkhan nicht mehr länger warten lassen zu können. Sie reisten deshalb erneut von Venedig nach Akkon und baten den Kardinallegaten Tedaldo Visconti, ihnen die Fahrt nach Jerusalem zu erlauben, damit sie zumindest das Öl vom Heiligen Grab mitbringen könnten. Nachdem sie diesen Teil ihres Auftrags erfüllt hatten, kehrten sie noch einmal nach Akkon zurück, wo ihnen der Kardinallegat ein Schreiben übergab, in dem er dem Großkhan erklärte, dass der Tod des Papstes die Erfüllung ihrer Mission verhindert habe. Nachdem die Polos bereits nach Armenien gereist waren, um von dort aus die lange Reise durch Asien anzutreten, trat ein außerordentlicher Zufall ein: Eben jener Legat Tedaldo Visconti, mit dem sie in Akkon gesprochen hatten, wurde zum neuen Papst gewählt und nahm den Namen Gregor X. an. Unverzüglich, so berichtet Marco Polo, habe er sie zu sich zurückrufen lassen, und als sie wieder bei ihm eintrafen, habe er zwei Predigermönche, «und zwar die klügsten jener Provinz» (ed. Guignard, S. 17) ausgewählt, sie mit Empfehlungsschreiben und weiteren Schriftstücken ausgestattet, um gemeinsam mit den Gebrüdern Polo zum Großkhan zu reisen. Die Namen der beiden Predigerbrüder gibt Marco Polo mit Niccolò da Vicenza und Guglielmo da Tripoli an. Zumindest über den letzteren weiß man, dass er überaus orienterfahren und mit dem Papst gut bekannt war. Er lebte seit langem in Palästina und hatte über den Glauben und die Herrschaft der Muslime einen *Tractatus de statu Saracenorum* verfasst, den er Tedaldo gewidmet hatte, noch bevor dieser zum Papst gewählt worden war. Mit der Aussendung zweier Mönche hatte Gregor X. dem Wunsch des Großkhans nach einhundert Gelehrten der Sieben Freien Künste zwar nicht entsprochen, wozu er so kurz nach seiner Wahl auch kaum in der Lage gewesen wäre, aber er hatte gelehrte Brüder aus dem *Ordo Fratres Predicatores,* dem Dominikanerorden, ausgewählt, der die Verbreitung des Christentums bei fremden Völkern zu seinen zentralen Aufgaben rechnete. Die beiden Predigerbrüder waren sicherlich gewillt, mit Heiden und Götzenanbetern zu disputieren, wie es der Großkhan vorgeschlagen hatte, um den Mongolen zu beweisen, dass die von ihnen angebeteten Götzenbilder allesamt Werke des Teufels seien. Guglielmo da Tripoli und Niccolò da Vicenza reisten nach Marco Polos Angaben jedoch nur bis nach Armenien mit, wo sie wegen der dortigen kriegerischen Ereignisse so große Angst um ihr Leben bekamen, dass sie den Polos ihren Gesandtschaftsbrief und ihre Privilegien aushändigten und umkehrten.

Diese Darstellung hat in der Forschung, insbesondere bei Kirchenhistorikern, eine gewisse Skepsis hervorgerufen, denn dass die beiden Dominikanermönche aus Angst um ihr Leben umgekehrt sein sollten, während die Polos weiterreisten, und sie ihnen überdies noch ihre Empfehlungsschreiben und weitere Schriftstücke aushändigten, wird als wenig wahrscheinlich betrachtet, zumal der Inhalt dieser Schriftstücke in einigen Handschriften als das Recht spezifiziert wird, in Stellvertretung des Papstes Priester und Bischöfe zu weihen (vgl. ed. Benedetto, S. 8 f.) – ein Privileg, das auf keinen Fall an Laien übergeben worden wäre. Gestützt wurde diese Skepsis dadurch, dass auch manches andere an Marco Polos Darstellung des Zusammentreffens der Gebrüder Polo mit dem späteren Papst Gregor X. zweifellos unrichtig ist. So hielt sich Tedaldo Visconti im Jahre 1269 nachweislich nicht in Akkon auf, und er war auch nicht päpstlicher Legat im Heiligen Land, sondern Archidiakon von Lüttich. Päpstlicher Legat im Heiligen Land war zur fraglichen Zeit vielmehr Guillaume d'Agen, der selbst über Kontakte zu den Mongolen verfügte, denn er hatte schon 1265 im Auftrag des Papstes den persischen Il-Khan aufgesucht, um ihm militärische Hilfe gegen die Mamelucken anzubieten, wenn er sich zuvor taufen lasse. Tedaldo Visconti kam erst 1271 in Begleitung des englischen Kronprinzen Edward nach Akkon, nachdem dessen Kreuzzug vor Tunis gescheitert war. Von dort aus nahm Edward mit dem persischen Il-Khan Kontakt auf, um eine gemeinsame Aktion gegen die Mamelucken zu verabreden, und es ist anzunehmen, dass Tedaldo über diese Kontakte gut unterrichtet war.

Überdies ist in den kurialen Akten nicht das Geringste über diese Gesandtschaft vermerkt, und weder das Schreiben Khubilais an den Papst noch ein Antwortschreiben Gregors X. ist in den päpstlichen Regesten überliefert, wie es für solche Schreiben eigentlich üblich und bei späteren Briefwechseln auch der Fall ist. Sicher ist nur, dass Tedaldo Visconti sich 1271 tatsächlich in Akkon aufhielt und dort von der Nachricht überrascht wurde, dass er am 1. September 1271 zum neuen Papst gewählt worden war. Zumindest diese zeitlichen Koinzidenzen lassen ein Zusammentreffen der Polos mit Gregor X. als wahrscheinlich annehmen; die besonderen Umstände dieses Zusammentreffens mit dem Papst, der erst ein halbes Jahr später in Rom geweiht wurde, könnten auch erklären, warum keine Abschriften der Urkunden überliefert sind. Gestützt wird Marco Polos Darstellung jedenfalls durch die Nennung Guglielmos da Tripoli als einen der dominikanischen Gesandten des Papstes, denn dessen Name dürfte ihm anders kaum bekannt geworden sein als durch die Vermittlung Gregors X. Wie viel oder wie wenig an Marco Polos Darstellung der Gesandtschaftsreise seines Vaters und seines Onkels zum Papst zutreffend ist, wird sich letztlich kaum aufklären lassen, sicher ist aber, dass ihre Gesandtschaft nicht im Mittelpunkt seines Interesses stand, sondern nur den glänzenden Auftakt zu seiner eigenen Reise an den Hof des mongolischen Großkhans bot.

So seien die Polos nach der Umkehr der beiden Dominikaner allein bis zum Großkhan gereist, der sie mit großer Freude empfangen und ihnen zu Ehren ein großes Fest veranstaltet habe. Sie hätten ihm den Brief des Papstes und das Öl von der Heiligen Lampe überreicht, und «darüber ist er sehr glücklich, denn es bedeutet ihm viel» (ed. Guignard, S. 19). Damit war die Gesandtschaft abgeschlossen, und die Gebrüder Polo hatten nur noch die Funktion, den jungen Marco, der bislang lediglich eine unbedeutende Nebenrolle gespielt hatte, der Aufmerksamkeit des Großkhans und damit zugleich der Aufmerksamkeit seiner Leser zu empfehlen.

Mit der Vorstellung beim Großkhan tritt Marco Polo in den Mittelpunkt des Geschehens, aber wie bei seinem ersten Auftreten ist auch im Folgenden von ihm zumeist in der dritten Person die Rede. Seine Präsentation, der sich die beiden nächsten Kapitel eingehend widmen, erfolgt quasi objektiv durch einen auktorialen Erzähler, der seine Gelehrigkeit und sein Geschick preisen kann, ohne dass Marco Polo, als der unzweifelhafte Held dieses Prologteils, in die Rolle des sich selbst preisenden Autors schlüpfen musste. Anders gesagt: Ohne die Einführung eines auktorialen Erzählers für den ersten Teil seines Berichtes müsste Marco Polo als unbescheidener Wichtigtuer erscheinen, der mit seinen – nicht nachprüfbaren – Erfolgen in der Fremde prahlt. Nach kurzer Zeit bereits, so heißt es im Bericht, sei er mit den Sitten der Tartaren vertraut gewesen und habe vier der gebräuchlichen Sprachen lesen und schreiben können. Der Großkhan habe seine Begabung bald erkannt und ihn als Gesandten in eine sechs Monate entfernte Provinz geschickt – der kluge und umsichtige Marco habe diese Aufgabe zur größten Zufriedenheit des Herrschers erfüllt, weil er gewusst habe, worauf es diesem ankam: «Es war ihm nämlich nicht entgangen, daß der Großkhan diejenigen Gesandten, die bei ihrer Rückkehr aus fernen Ländern nur über ihren Auftrag und nichts über Land und Leute berichteten, für dumm und beschränkt hielt. Er hatte gemerkt, daß dem Herrscher die Mission wohl wichtig war, ihm aber Nachrichten über Zustände, Ereignisse und Lebensgewohnheiten in den bereisten Gebieten noch wichtiger waren» (ed. Guignard, S. 20 f.). Als Gesandter des Großkhans sei Marco Polo danach siebzehn Jahre in dessen Diensten geblieben, habe die entferntesten Länder seines Herrschaftsbereiches bereist und ihm stets zu seiner Zufriedenheit ausführlich berichtet.

Hier, so könnte man meinen, müsste der eigentliche Bericht beginnen, der Bericht vom Leben eines venezianischen Kaufmannssohnes im Dienste des Großkhans der Mongolen in China: Aber über Marco Polos Leben während dieser siebzehn Jahre, ebenso wie über das seines Vaters und seines Onkels, berichtet der Prolog nichts. Seine Beschreibung beschränkt sich auf die beiden Reisen der Polos, die Aufnahme Marco Polos in den Dienst des Großkhans als dessen Gesandter und Berichterstatter und den Lobpreis seiner außerordentlichen Fähigkeiten. Das Leben der drei Venezianer im mongolisch beherrschten China wird dagegen ausgespart, so als ob ihr langjähriger Aufenthalt nur dazu gedient hätte, jenes Wissen zu sammeln, das Marco Polo seinen Lesern und Hörern im Anschluss präsentierte. Über die langen Jahre, die er in Ostasien verbrachte, hieß es lediglich, dies sei der Grund, warum Messer Marco mehr über den Osten wisse als jeder andere, denn «er nützte die Gelegenheit, die fremden Gebiete besser auszukundschaften als jeder Sterbliche vor ihm. Wie kaum jemand war er darauf bedacht, seine Kenntnisse zu vermehren» (ed. Guignard, S. 22).

Damit sparte der Prolog genau das aus, was später als der entscheidende Fokus jedes Reiseberichts betrachtet werden sollte: die Erlebnisse, Erfahrungen und Lebensumstände des Reisenden in fremden Ländern. Als ein Reisender im eigentlichen Sinne dürfte Marco Polo ohnehin kaum zu bezeichnen sein. Zwar war er, wenn seine Darstellung zutrifft, im Dienste des Großkhans fortwährend unterwegs, aber damit war er doch etwas anderes als ein Reisender, der zu einem bestimmten Ziel aufbricht, um dann wieder zurückzukehren. Marco Polo war Gesandter im Dienste eines fremden Herrschers, und schon die Dauer seines Aufenthaltes musste ihn zwangsläufig zu einem kulturellen Grenzgänger, möglicherweise auch zu einem kulturellen Überläufer werden lassen. Diesen Prozess der Anpassung an eine fremde Umgebung, der Übernahme kultureller Eigenheiten – kurz: der Ausprägung einer neuen Identität des Berichterstatters – lässt der Prolog völlig beiseite. Er überspringt die zweifellos entscheidenden siebzehn Jahre von Marco Polos Biographie und verkürzt sie auf das Ansammeln von Wissen, das ihn als glaubwürdigen Berichterstatter über die anschließend breit dargestellten Wunder Asiens präsentiert. Der Prolog bleibt damit seiner Erzählperspektive treu: Gleichsam von außen wirft er einen Blick auf Marco Polo, aber er sieht nur den künftigen Berichterstatter, der in seinen Berichten für den Großkhan lediglich vorwegnimmt, was er einem europäischen Publikum im Anschluss präsentieren wird. Was für die Beschreibung Marco Polos zählt, ist sein Wissen über Fernostasien, nicht sein Leben in Fernostasien.

Umstandslos wendet sich der Prolog nach der Beschreibung von Marco Polos Aufnahme in den Dienst des Großkhans und dem Lobpreis seiner Fähigkeiten der Rückkehr der Polos nach Venedig zu. Nach langen Jahren schließlich hätten sie sich zur Heimkehr entschlossen und den Großkhan um ihren Abschied gebeten, den er ihnen aber wegen seiner großen Zuneigung nicht habe gewähren wollen. Eines Tages jedoch seien Gesandte des persischen Il-Khans an den Hof des Großkhans gekommen, um eine Braut für ihn zu werben. In Persien nämlich war die Frau Il-Khans Arghun verstorben, die ihrem Mann vor ihrem Tod auferlegt hatte, er dürfe nur eine Frau aus ihrem Clan zu ihrer Nachfolgerin machen. Arghuns Gesandte hätten deswegen Khubilai gebeten, eine Prinzessin aus dem Clan der verstorbenen Königin auszuwählen, die den Il-Khan heiraten solle. Um die Prinzessin sicher nach Persien zu geleiten, hätten sich die Gesandten entschlossen, den Seeweg einzuschlagen. Weil Messer Marco, der gerade von einer Seereise im Indischen Ozean zu Khubilai zurückgekehrt war, den Seeweg gut gekannt habe, hätten sie den Khan gebeten, ihnen die drei Venezianer als Begleitung mitzugeben. Daraufhin habe ihnen der Großkhan schließlich erlaubt, im Anschluss an das Geleit der Prinzessin zu Arghun von Persien aus nach Hause zurückzukehren. Die Seereise, über die selbst kaum etwas berichtet wird, habe drei Jahre gedauert, und als sie schließlich in Persien angekommen seien, hätten sie erfahren, dass Arghun verstorben sei. Sie hätten die Prinzessin deshalb der Obhut seines Sohnes Ghasan überlassen, der sie dann heiratete. Diese letzte Episode des Berichts über die Reise einer Tochter Khubilais, die mit dem Il-Khan verheiratet werden sollte, wird in groben Zügen durch zwei unabhängige Quellen bestätigt: Die offizielle chinesische kaiserliche Chronik *Yongle dadian* berichtet von dem Vorhaben des Großkhans, eine seiner Töchter mit Il-Khan Arghun zu verheiraten. Mit großem Gefolge trat sie die Reise von China nach Persien an, aber als sie dort ankam, war Arghun verstorben und sie musste daher seinen Nachfolger Ghasan heiraten. Eine übereinstimmende Darstellung dieses Ereignisses findet sich auch in der *Weltgeschichte* des Rashid al-Din, die dieser im Auftrag Ghasans zwischen 1306 und 1307 abfasste. Dadurch wird zwar die faktische Richtigkeit des Ereignisses belegt, Marco Polos Teilnahme an dieser Gesandtschaft kann aus den Quellen jedoch nicht bewiesen werden, da weder der chinesische noch der persische Text den Namen Polo oder irgendeinen Europäer als Begleiter der Prinzessin erwähnen. So lässt sich denn auch die

Rückkehr der Polos urkundlich nicht verifizieren. Was Marco Polos Darstellung stützt, ist lediglich seine Kenntnis der besonderen Umstände, unter denen eine mongolische Prinzessin nach Persien gelangte, und allein sie kann plausibel machen, dass er selbst mit seinem Vater und seinem Onkel an dieser Reise teilnahm und danach von Persien aus nach Venedig zurückkehrte. Auch diesem letzten Teilstück einer Reise, die längst keine Reise mehr war, der Wiederannäherung an Europa, der Rückkehr in eine vielleicht schon unbekannt gewordene Heimat, widmete Marco Polo nur wenige Worte: Nachdem sie die Königin verlassen hatten, so schreibt er, «ritten sie Tag für Tag bis nach Trepesonde [= Trapezunt, MM]; von dort gelangten sie nach Konstantinopel, dann nach Negreponte [= Negroponte, MM] und schließlich nach Venedig. Das war im Jahre 1295 nach Christi Geburt» (ed. Guignard, S. 26). Er beendet die Darstellung von fünfundzwanzig Jahren seines Lebens mit der lapidaren Bemerkung: «Damit ist der Prolog zu Ende, und jetzt beginnt das Buch» (ebd.).

So schließt die Narration von den Reisen Niccolò, Maffeo und Marco Polos, und die Beschreibung der Länder, Sitten und Gebräuche des Ostens hebt an. In dieser Beschreibung tritt Marco Polo selbst so gut wie nicht mehr auf: Er verschwindet hinter der Deskription, nachdem ihm der lange narrative Auftakt eine Identität zugeschrieben hat, die sein überragendes Wissen begründet und seine Zuverlässigkeit und Wahrhaftigkeit repräsentiert. Die Narration bildet insofern nur den Auftakt der Deskription, sie ist im wörtlichen Sinne ein Prolog, und Marco Polos Biographie erschöpft sich darin, den Auftakt zu einem Buch zu bilden, in dessen Mittelpunkt nicht er selbst steht, sondern das, was er gesehen und gehört hat. Konsequent wechselt nach dem Prolog denn auch das Tempus des Berichts: Aus dem Präteritum des Ereignisberichts wird das Präsens der ethnographischen Beschreibung. Die narrativen und grammatischen Schemata des biographischen Erzählens, die ohnehin kaum mit Leben gefüllt wurden, sind nur für die Situierung des Autors mobilisiert worden, der damit als Garant der Beschreibung installiert wird. Nachdem diese Funktion erfüllt ist, bleibt der «Reisende» Marco Polo fast nur noch durch die Publikumsanreden präsent. So kündigt er Stellen, die er besonders hervorheben möchte, mit Floskeln wie «und ich sage euch» oder «nun will ich euch noch auf etwas aufmerksam machen» an oder betont die Wahrhaftigkeit seiner Beschreibung mit Worten wie «ihr dürft mir wirklich glauben». Marco Polo spricht dann zwar vorwiegend in der ersten Person zu seinem Publikum, aber er tut das um den Preis seines völligen Verschwindens als lebende, handelnde und erlebende Person. Nur gelegentlich erwähnt er, dass er sich an dem Ort, den er gerade beschreibt, für einen gewissen Zeitraum aufgehalten habe. So merkt er vor seiner Beschreibung der Insel Samatra (Sumatra) an, «ich, Marco Polo, habe mich da fünf Monate lang aufgehalten, weil das Wetter uns an der Reise hinderte» (ed. Guignard, S. 295), ohne jedoch seinen Aufenthalt anschließend zu schildern. Als Augenzeuge hält er den Bericht zusammen, ohne dass er selbst darin in nennenswertem Umfang auftaucht. Wo Marco Polo beginnt, als ein «Ich» zu sprechen, fängt er an, über sich zu schweigen.

Der Autor und sein Erzähler

Die Entstehung des Berichts

Dass Marco Polo überhaupt anfing, über das, was er gesehen hatte, zu schreiben, verdankt sich, wenn man den Angaben der franko-italienischen Variante seines Berichtes glauben darf, ohnehin einem Zufall. Als er mit seinem Vater und seinem Onkel nach nahezu fünfundzwanzigjähriger Abwesenheit nach Venedig zurückgekehrt war, trug sich offenbar keiner der drei mit dem Gedanken, eine Beschreibung ihrer Erfahrungen und Erlebnisse im Reich des Großkhans abzufassen. Damit bildeten sie keine Ausnahme, denn von den zahlreichen Kaufleuten, die nach Asien reisten oder sich für längere Zeit dort niederließen, hinterließ kein einziger einen Bericht. Die Fernostasienberichte dieser Zeit stammten von Franziskanermönchen, die ergründen sollten, wer jene Tartaren waren, die Europa bedrohten. Es berichteten also nur diejenigen, die einen Auftrag hatten und denen aufgrund ihrer rhetorischen Ausbildung die Mittel zu Gebote standen, eine ethnographische Beschreibung abzufassen, wie man sie von den antiken Autoren kannte. Marco Polo dagegen hatte keinen Berichtsauftrag, und die Fähigkeit, Gegenstände zu beschreiben, könnte er nur in seiner Eigenschaft als Berichterstatter des Großkhans erworben haben, was ihn nicht unbedingt dazu qualifizierte, einem europäischen Publikum von den Mongolen und den Wundern Asiens zu berichten. Erst drei Jahre nach seiner Rückkehr entschloss er sich, seine Asienerfahrungen unter Zuhilfenahme eines Schreibers, mit dem er unter ungewöhnlichen Umständen zusammengetroffen war, zu verschriftlichen.

Über die Entstehungsumstände des Berichts unterrichtet Marco Polo seine Leser jedoch lediglich im Schlusssatz des ersten Prologteils: «Später, im Jahre 1298 nach Christi Geburt, als er zusammen mit Messer Rusticiaus von Pisa im selben Gefängnis zu Genua saß, bat er diesen, alles aufzuschreiben, was er ihm erzähle» (ed. Guignard, S. 8). In diesem Satz wird vieles mitgeteilt, aber wenig gesagt; er ist vielleicht der rätselhafteste des gesamten Berichts, denn stärker noch als an anderen Stellen herrscht hier das Prinzip der selektiven und verkürzenden Mitteilung biographischer Daten: Weder wird mitgeteilt, wie Marco Polo drei Jahre nach seiner Rückkehr in ein Genueser Gefängnis gelangte, noch aus welchem Grunde er dort festgehalten wurde, ebensowenig erfährt man etwas über jenen Messer Rusticiaus und seine Funktion als Schreiber des Berichts. In einer lateinischen Handschrift des Berichts wird zwar ergänzend vermerkt, Marco Polo habe die Zeit nicht müßig verstreichen lassen wollen und sich mit dem Sammeln seiner Erinnerungen zu trösten versucht, weil er sein Wissen bis dahin fast ausschließlich in seinem Gedächtnis aufbewahrt habe (vgl. ed. Guignard, S. 8), aber diese Begründung für die Abfassung des Textes ist ein klassischer Prolog-Topos, ein Allgemeinplatz, der keinen eindeutigen Rückschluss auf die Entstehungsgründe des Berichts zulässt. So wirft der Hinweis auf die Entstehungsumstände des Textes mehr Fragen auf als er beantwortet. Auch wenn einige dieser Fragen von untergeordneter Bedeutung sein mögen oder sich als relativ leicht aufklärbar erwiesen haben, so ist für die entscheidende Frage doch bis heute keine zufriedenstellende Antwort gefunden worden: Was bedeutet es, wenn davon die Rede ist, Messer Rusticiaus habe alles aufgeschrieben, was Marco Polo ihm erzählte? Heißt das, dass Marco Polo ihm unmittelbar in die Feder diktierte und dass Rusticiaus nur ein einfacher Schreiber des Berichts war, der Wort für Wort aufschrieb, was ihm diktiert wurde? Oder heißt es, dass Marco Polo dem Messer Rusticiaus im Gefängnis frei erzählte, woran er sich erinnerte, und dass dieser anschließend ebenso frei aufschrieb, was ihm davon berichtenswert zu sein schien? Und wenn dem so war, wie stark bestimmte dann nicht Marco Polo, sondern Messer Rusticiaus, was und wie im Text berichtet wurde? Wie viel konnte er überhaupt verstehen von dem, was Marco Polo ihm erzählte und wie konnte er angemessen beschreiben, was er selbst weder gesehen hatte noch aus anderen Werken kennen konnte? Alle diese Fragen spitzen sich letztlich auf eine Frage zu: Wer schrieb Marco Polos Buch? Marco Polo oder Messer Rusticiaus aus Pisa?

Am leichtesten lässt sich aufklären, wie Marco Polo in ein Genueser Gefängnis gelangt sein dürfte: Als er mit seinem Vater und seinem Onkel 1295 aus China zurückkehrte, führten Venedig und Genua seit einiger Zeit erneut Krieg um die Vorherrschaft im Levantehandel, kaperten wechselseitig Handelsschiffe und lieferten sich wiederholt Seeschlachten, die vorwiegend dazu dienten, die ökonomischen Ressourcen des Gegners zu schwächen und Beute zu machen. 1294 besiegten die Genuesen eine venezianische Flotte vor Lajazzo, erbeuteten nahezu alle Schiffe mit einem großen Teil der mitgeführten Waren und machten zahlreiche Gefangene. Nach wiederholten Scharmützeln kam es im September 1298 vor der dalmatinischen Insel Curzola erneut zu einer großen Seeschlacht zwischen Genuesen und Venezianern, bei der die Genuesen einen weiteren Sieg errangen und zahlreiche Venezianer gefangennahmen. Bei dieser letzten großen Schlacht des zweiten genuesisch-venezianischen Krieges, so nimmt ein großer Teil der Marco-Polo-Forschung an, geriet Marco Polo als Kommandant einer Kriegsgaleere, zu deren Ausrüstung die Mitglieder des venezianischen Adels in Kriegszeiten verpflichtet waren, in Gefangenschaft und wurde, wie Tausende andere Venezianer, nach Genua gebracht. Als Kriegsgefangener lernte er dann den Pisaner Rustichello kennen, dessen Name in der Angabe des Berichts zu Rusticiaus de Pise französisiert worden ist. Rustichello da Pisa dürfte bereits seit der Schlacht von Meliora im Jahre 1284, bei der die Genuesen ihren ligurischen Konkurrenten Pisa besiegt hatten, in Genueser Kriegsgefangenschaft gewesen sein. Eine vergleichbar lange Gefangenschaft blieb Marco Polo jedoch erspart, denn schon im Mai 1299 schlossen Venedig und Genua unter Vermittlung des Papstes Frieden, und die Kriegsgefangenen konnten wenig später nach Hause zurückkehren.

Nimmt man die zeitlichen Angaben Marco Polos mit den historischen Daten seiner möglichen Gefangennahme und dem Friedensschluss zwischen Genua und Venedig zusammen, so wäre Marco Polos Buch unter den schwierigen Umständen der Kriegsgefangenschaft allein aus dem Gedächtnis mit der Hilfe Rustichellos innerhalb von acht Monaten entstanden – eine Annahme, die unter anderem von Alvise Zorzi (vgl. Marco Polo, S. 342f.) mit dem Argument in Zweifel gezogen wird, ein solcher Zeitraum erscheine für die Abfassung eines so umfangreichen Buches wie des *Divisament dou monde* zu kurz. Zorzi nimmt dagegen im Anschluss an Arthur Christopher Moule und Paul Pelliot an, dass Marco Polo schon 1296, also wenige Monate nach seiner Rückkehr, wieder auf Handelsfahrt im östlichen Mittelmeer unterwegs war und nicht bei einer der großen Seeschlachten, sondern bei einem kleineren Scharmützel oder Piratenüberfall in Genueser Gefangenschaft geriet. Damit hätten Marco Polo und Rustichello da Pisa dann drei volle Jahre Zeit gehabt, um den Bericht abzufassen. Diese Annahme ist von anderen Forschern mit dem Hinweis zurückgewiesen worden, das Buch mache an einigen Stellen durchaus den Eindruck, rasch und ohne einen genauen Plan niedergeschrieben worden zu sein. Tatsächlich finden sich in manchen Kapiteln Wiederholungen oder Hinweise wie «das habe ich vorhin vergessen, euch zu erzählen», die eher an eine knappe Zeitspanne für die Niederschrift denken lassen. Gelegentlich scheint es auch, als habe Marco Polo während der Niederschrift seine Auffassung darüber geändert, was ihm mitteilenswert und was überflüssig zu sein schien. So beginnt er im letzten Teil seines Buches, der den nördlich und westlich an das mongolische Reich angrenzenden Ländern gewidmet ist, zunächst in Kapitel CCXX mit der Beschreibung Russlands, erklärt nach wenigen Zeilen aber völlig unvermittelt, es lohne sich nicht, länger über Russland zu reden; er wolle lieber vom Schwarzen Meer sprechen und mit Konstantinopel beginnen. Im Anschluss daran beschreibt er jedoch entgegen seiner Ankündigung eine im Norden an Russland angrenzende Provinz und springt anschließend mit der Bemerkung «von Rußland habe ich etwas vergessen, ich möchte es nachholen» (ed. Guignard, S. 415) zu Russland zurück, um die dort herrschende Kälte und die Trinkgewohnheiten der Russen zu beschreiben. Sich selbst gleichsam ins Wort fallend, weil er sich seiner ursprünglichen Ankündigung erinnert, erklärt er dann aber plötzlich: «Genug jetzt über Rußland, wir kehren zurück zum Schwarzen Meer, wie ich oben gesagt habe» (S. 419). Hier fällt er sich jedoch erneut ins Wort, so als habe gerade jemand gegen das Thema einen Einwand erhoben: «Es stimmt natürlich, mancher Kaufmann ist schon dort gewesen, und viele Leute kennen die Gegend. Doch gibt es immer noch etliche, die davon nichts wissen, und ihnen zuliebe lohnt es sich, alles aufzuschreiben» (ebd.). Im anschließenden Kapitel CCXXI über den Eingang zum Schwarzen Meer scheint ihm seine Begründung jedoch nicht mehr hinreichend zu sein, denn nach dem ersten Satz bricht er die Beschreibung mit der Bemerkung ab, «nun könnten wir mit der Schilderung anfangen; aber eigentlich ist sie überflüssig, denn den meisten Leuten ist alles längst bekannt» (ebd.). Dann geht er, gleichsam als ob ihm plötzlich wieder einfiele, dass die Mongolen ja sein Hauptthema sind, zur Schilderung zweier innermongolischer Schlachten über, die völlig aus dem Zusammenhang gerissen geschildert werden.

Danach bricht das Buch gänzlich unvermittelt ab. Auch dieser abrupte Schluss ohne den üblichen Epilog legt die Annahme nahe, dass es innerhalb eines relativ kurzen Zeitraums entstanden ist und am Ende keine Gelegenheit mehr war, den Bericht abzuschließen und das Niedergeschriebene noch einmal gründlich durchzuarbeiten.

Rustichello da Pisa

Mit Rustichello da Pisa stand Marco Polo jedenfalls ein versierter Schreiber zur Verfügung, der eine gewisse Erfahrung im Abfassen von Texten vorweisen konnte und für den es bei genügend Zeit zweifellos kein Problem gewesen wäre, das Buch mit einem resümierenden Epilog zu beenden. Solche Epiloge waren im Mittelalter nicht ganz unwichtig, denn in der mittelalterlichen Literaturproduktion gab es keine Titelseiten, mit denen ein Buch angekündigt wurde, außerdem war es üblich, Texte nicht einzeln in einem Band zu verbreiten, sondern sie in Sammelhandschriften ohne große Zwischenräume hintereinanderzustellen. Der Autor musste daher durch Prolog und Epilog am Anfang und Ende dafür sorgen, dass sein Text, zumal wenn er ihn, wie im Falle von Marco Polo, als sein genuines, auf einer außergewöhnlichen Erfahrung beruhendes Werk herausstellen wollte, deutlich von anderen Texten abgegrenzt werden konnte. Mit großer Wahrscheinlichkeit hätte Rustichello da Pisa bei hinreichender Zeit dem Buch auch einen eleganten Abschluss verliehen.

Darüber, dass Rustichello da Pisa ein versierter Schriftsteller war, dem ein solches Verfahren zweifellos vertraut war, erfährt man bei seiner Nennung freilich nichts. Mit keinem Wort wird erwähnt oder auch nur angedeutet, dass Rustichello als Kompilator von Artusromanen bereits einige Bekanntheit erlangt hatte (vgl. Eilert Löseth, Le Roman en prose de Tristan, S. 423 ff.). Seine Fähigkeiten konnte er zweifellos auch bei der Abfassung von Marco Polos Bericht einbringen, auch wenn dieser einem völlig anderen Genre angehört und insgesamt alles andere als romanhaft ist. Wie Rustichello dabei arbeitete und wie man sich die Zusammenarbeit zwischen beiden vorzustellen hat, ist eines der umstrittensten Probleme der Marco-Polo-Forschung. So ist bereits zweifelhaft, inwieweit Marco Polo der franko-italienischen Literatursprache mächtig war, in der das Buch abgefasst ist, und in welcher Sprache er Rustichello, wenn denn überhaupt, seinen Bericht diktierte. Franco Borlandi und andere haben angenommen, Rustichello habe den Bericht anhand von schriftlichen Aufzeichnungen Marco Polos abgefasst, die er größtenteils wörtlich abgeschrieben und dabei lediglich bestimmte Teile ausgeschmückt habe. Borlandi begründete diese These damit, dass die Schreibweise der Ortsnamen nicht französisiert, sondern italianisiert sei: So seien beispielsweise die Städte- und Ländernamen Bucara, Curdistan, Sugiu, Fugiu wie die gesamten chinesischen oder mongolischen Toponyme auf *-fu* in der italienischen Schreibweise mit einem einfachen *u* und nicht nach der üblichen französischen Schreibweise mit *ou* geschrieben. Die These, Rustichello habe nach schriftlichen Aufzeichnungen Marco Polos gearbeitet, kann sich daneben auf eine Notiz des dominikanischen Chronisten Jacopo d'Acqui berufen, der zufolge Marco Polo seinen Vater während seiner Gefangenschaft gebeten haben soll, ihm seine Aufzeichnungen und Papiere zu schicken (vgl. ed. Benedetto, S. CXCVI), was freilich den Angaben der lateinischen Zelada-Version widerspricht, in der es heißt, Marco Polo habe sich bei der Niederschrift allein auf sein Gedächtnis gestützt.

Bedeutsamer als die Frage, ob Rustichello auf schriftliche Aufzeichnungen zurückgegriffen oder sich nur auf mündliche Erzählungen gestützt hat, ist freilich die nach seinem Anteil an Marco Polos Buch. Auf die Bedeutung von Rustichellos Anteil am *Divisament dou monde* hat als erster Luigi Foscolo Benedetto, der Doyen der Marco-Polo-Forschung, hingewiesen, der für den von ihm edierten franko-italienischen Text der Pariser Handschrift BN, MS fr. 1116 die Entstehung des Berichts gründlich untersucht hat. Um zu belegen, dass das von ihm edierte, zu Beginn des 14. Jahrhunderts geschriebene franko-italienische Manuskript dem verlorenen Original am nächsten kam, verglich er den Text der Handschrift eingehend mit Rustichellos Roman *Meliadus*, der das Leben und die Abenteuer von Tristans Vater schildert. Benedetto konnte zeigen, dass die beiden Texte an manchen Stellen wörtlich übereinstimmen, und glaubte damit belegen zu können, dass die Handschrift dem von Marco Polo unter Mitarbeit Rustichellos da Pisa abgefassten Autograph am nächsten kommt, weil sie deutlicher als alle anderen das Signum ihrer Zusammenarbeit trägt (vgl. ed. Benedetto, S. XIX ff.). Mit diesen Stellenvergleichen legte der mit größter Akribie vorgehende «filologo militante» Benedetto zugleich aber auch offen, dass der Anteil Rustichellos bei der Abfassung des Berichts sehr viel größer war, als der lapidare Schlusssatz des Prologs vermuten lässt.

So hat Benedetto beispielsweise belegt, dass Rustichellos *Meliadus* mit nahezu denselben Worten anhebt wie Marco Polos Bericht. Sowohl die Publikumsadressierung («Kaiser, Könige und Fürsten, Ritter und Bürger», ed. Guignard, S. 7) als auch die Empfehlung, sich das Buch vorlesen zu lassen, stimmen wörtlich überein, was insofern bemerkenswert ist, als Marco Polos Bericht damit an die Vermittlungsform des mündlichen Vortrags gebunden wurde, die für höfische Epen und Romane üblich, für einen Bericht aber zumindest ungewöhnlich war. Rustichello nahm nur kleine, aber kennzeichnende Veränderungen vor, um die *salutatio* seines *Meliadus* für Marco Polos Bericht zuzuschneiden. Der *Meliadus* beginnt mit den Worten: «Ihr Kaiser, Könige, Prinzen, Herzöge, Grafen und Barone, Ritter und Vasallen und alle ihr Edelmänner dieser Welt, die ihr die Fähigkeit habt, euch an Romanen zu erfreuen (deliter), nehmt dies Buch und laßt es euch Zeile für Zeile vorlesen, denn hier findet ihr all die großen Abenteuer (aventures) …» (ed. Benedetto, XIX, Übers. MM); nur in wenigen Elementen verändert, hebt Marco Polos Bericht an: «Ihr Kaiser, Könige und Fürsten, Ritter und Bürger und alle, die ihr wissen (savoir) wollt, welche unterschiedlichen Arten von Menschen es gibt und wie sich die verschiedenen Regionen der Welt voneinander unterscheiden, nehmt dies Buch, und laßt es Euch vorlesen. Und ihr findet darin die wunderbarsten Dinge (mervoilles) …» (ed. Benedetto, S. 3, Übers. MM).

Rustichello, der hier zweifellos sprach, adressierte in beiden Fällen dasselbe Publikum und ersetzte lediglich *deliter* durch *savoir* und die *aventures* eines Romanhelden durch die *grandismes mervoilles* der Welt, um statt eines Romans einen Bericht anzukündigen. Könnte man dies vielleicht noch als die Verwendung topischer Eingangsfloskeln abtun, so zeigen doch einige andere Stellen, dass Rustichello mehr tat, als nur Floskeln zur Verfügung zu stellen, sondern der Darstellung vielmehr eine bestimmte Färbung verlieh. Als beispielsweise die Gebrüder Polo auf ihrer ersten Reise beim Großkhan empfangen werden, spricht dieser mit ihnen genauso, wie im *Meliadus* König Artus mit Tristan spricht. Dem Großkhan der Mongolen wird damit die literarisch idealisierte Sprache des westeuropäischen Rittertums in den Mund gelegt, und mit dieser Sprache wird er zugleich auf die Ebene europäischer Höfischkeit transponiert, die ihn mit dem höfischsten aller Könige, mit Artus, vergleichbar macht. Diese Sprachformen beschränken sich durchaus nicht auf den Empfang der Gebrüder Polo, bei dem Marco Polo selbst nicht zugegen war, sondern sie finden auch Anwendung bei der Begrüßung des jungen Marco durch Khubilai, der ihn mit jenen Worten begrüßt, mit denen Artus den an seinen Hof kommenden jungen Tristan empfängt, und als die Polos ihren Abschied nehmen, richtet der Großkhan die gleichen Worte an sie, wie Artus an Tristan, als dieser weiterziehen will. Selbst die Schilderung des innermongolischen Krieges zwischen Berke Khan und Il-Khan Hülegü am Ende des Berichts ist weitgehend aus Rustichellos Roman übernommen (vgl. die eingehenden Stellenvergleiche bei Benedetto, S. XXI ff.). Die mongolischen Reiterhorden, vor denen Europa noch in der zweiten Hälfte des 13. Jahrhunderts gezittert hatte, verwandelten sich dabei in europäische Ritterheere, die einander auf freiem Feld gegenüberlagen und in geordneten Schlachtreihen gegeneinander kämpften. Mit der Sprache der Courtoisie schmückte Rustichello Marco Polos Bericht demnach nicht nur aus, sondern beeinflusste auch in nicht unerheblichem Maß die Darstellung.

Gleichzeitig steuerte er damit auch die Publikumsausrichtung des Berichts: Rustichello da Pisa eröffnete Marco Polo den Zugang zu jener Sprache der höfischen Literatur, in der die Kaiser, Könige und Fürsten üblicherweise den Romanen lauschten, die von den *aventiuren* fahrender Ritter erzählten. Von solchen Abenteuern war bei Marco Polo zwar gar nicht die Rede, aber die von Rustichello eingebrachte Sprache des höfischen Romans bahnte Marco Polo den Weg zu einem Publikum, das sich vorwiegend mit der Literatur der Ritterlichkeit unterhielt, sich daneben aber zunehmend einer informierenden Wissensliteratur zuwandte, um seinen Herrschaftsanspruch auch auf dem Gebiet des Wissens zu dokumentieren.

Damit war Rustichello mehr als ein Schreiber und auch mehr als ein ausschmückender Literat – er war vor allem ein Zuhörer, der als Erzähler die Möglichkeiten des Berichts als erster erkannt haben dürfte. Als Zuhörer lieh er Marco Polo seine Stimme, damit dieser sein überragendes Wissen weitergeben konnte. In der Rolle des Zuhörers, der nacherzählte, was er gehört hatte, trat er denn auch an verschiedenen Stellen des Berichts auf. So schaltete er sich in Kapitel CLVII bei der Beschreibung der südchinesischen Stadt Fugiu explizit als Zuhörer und Erzähler-Ich in den Bericht ein: «Um euch noch besser über das fremde Land ins Bild zu setzen, will ich berichten, was Messer Marco erzählt hat; es ist wohl wert, festgehalten zu werden» (ed. Guignard, S. 265). Und bei der Ankündigung der Beschreibung Indiens nannte er sich sogar namentlich als Erzähler, ohne aber Marco Polo den Primat der Autorschaft streitig zu machen: «Ich, Meister Rustichello, werde alles ganz getreu darstellen, wie es Messer Marco Polo sagt und beschreibt. Denkt stets daran: Messer Marco ist so lange in Indien gewesen und dermaßen vertraut mit der Lebensweise und den Sitten dort und kennt überdies den Handelsverkehr, daß kein Mensch fähiger wäre als er, die tatsächlichen Zustände zu schildern. Es ist die reine Wahrheit: dort kommen die fabelhaftesten Dinge vor. Wer davon hört, wird sich vor Verwunderung nicht fassen können. Schön der Reihe nach werde ich aufschreiben, was Messer Marco wirklichkeitsgemäß erzählt hat» (ed. Guignard, S. 272). Rustichello erschien hier zugleich als erster begeisterter Zuhörer des Berichts und als dessen Erzähler, und er nutzte diese

Doppelrolle, um die Wahrhaftigkeit des von ihm präsentierten Autors hervorzuheben. Insofern ist nicht nur der Bericht, sondern auch Marco Polo selbst ein Produkt Rustichellos. Zugespitzt auf die Person des Reisenden könnte man sagen, Marco Polo hatte vieles gesehen, aber ohne Rustichello hätte er, wie sein Vater, sein Onkel und so viele Kaufleute vor und nach ihnen, vielleicht manches zu sagen, aber nichts zu beschreiben gehabt. Rustichello bildete für Marco Polo daher nicht nur einen literarischen Transmissionsriemen, der seinen Bericht in eine ansprechende Form kleidete, sondern das Ohr und die Stimme, aus deren Zusammenwirken Marco Polo als Autor erst hervorging. Und wenn auch die Mischung aus geschliffenen Passagen und wirrem Diktat innerhalb des Textes zeigt, dass die Zusammenarbeit des welterfahrenen Reisenden und des spracherfahrenen Dichters unter widrigen Bedingungen stattfand und nach dem Ende ihrer gemeinsamen Gefangenschaft wohl keine Fortsetzung erfuhr, so bedurfte Marco Polo doch zweifellos des heute als nur noch zweitrangig begriffenen Literaten. Erst mit seiner Hilfe gerann Marco Polos Wissen zu einem Buch, das keinen geringeren Anspruch erhob, als ganz Asien, von der Küste des Schwarzen Meeres bis zu den Inseln des Indischen Ozeans, zu beschreiben. Und nur durch Rustichello konnte Marco Polo zu demjenigen werden, der mehr über Asien wusste als jeder Sterbliche vor ihm. «Denn ihr müßt wissen», so teilte Rustichello Marco Polos Lesern gleich zu Beginn ihres Buches mit, «seit der Erschaffung unseres Urvaters Adam gab es keinen Christen, keinen Heiden, weder einen Tataren noch einen Inder, keinen einzigen Menschen irgendwelcher Herkunft, der so viel wußte und erforschte und der über eine solche Fülle von Merkwürdigkeiten Bescheid weiß wie Messer Marco Polo allein» (ed. Guignard, S. 7 f.).

Beschreiben und Erzählen: *Le Divisament dou Monde*

Der Aufbau und die deskriptive Struktur des Berichts

Rustichello da Pisa nannte Marco Polos enzyklopädisch breite Beschreibung Asiens *Le Divisament dou Monde*, das Buch von der Vielfältigkeit der Welt, und kündigte es seinen Lesern als eine Beschreibung von Ungewöhnlichem und Erstaunlichem an. «Merkwürdiges und Wunderbares findet ihr darin, und ihr werdet erfahren, wie sich Groß-Armenien, Persien, die Tatarei, Indien und viele andere Reiche voneinander unterscheiden. Dieses Buch wird euch genau darüber unterrichten; denn Messer Marco Polo, ein gebildeter edler Bürger aus Venedig, erzählt hier, was er mit eigenen Augen gesehen hat» (ed. Guignard, S. 7).

Der Schwerpunkt des Buches bestand nach dieser Ankündigung also in der chorographischen Beschreibung Asiens von der kleinasiatischen Mittelmeerküste über Persien und die Tatarei bis hin zu Indien. Unter der Tatarei waren dabei ganz Zentralasien sowie das mongolisch beherrschte China zu verstehen und unter Indien nicht nur das heutige Indien, sondern der gesamte südostasiatische Kontinent und die Inseln Ostasiens von Japan bis Ceylon. Rustichello kündigte damit ein wahrhaft enzyklopädisches Programm an, das er fast ausschließlich auf Marco Polos Augenzeugenschaft gründete. Zwar bemerkte er im anschließenden Satz, Marco Polo habe auch einiges berichtet, was er nicht selbst gesehen, sondern von vertrauenswürdigen Zeugen gehört habe, aber im Prinzip präsentierte er Marco Polo als denjenigen, der die unerhörte Fülle der angekündigten Informationen in seiner Person vereinigte. Ohne den Versuch zu machen, Marco Polos Wissen durch den Verweis auf die Beschreibungen überkommener Autoritäten zu bestätigen, präsentierte Rustichello ihn als den alleinigen und ausschließlichen Gewährsmann einer Beschreibung, die nahezu den gesamten asiatischen Kontinent umfasste und damit in der europäischen chorographisch-historiographischen Literatur beispiellos war.

Ein derart umfassendes Wissen bedurfte zu seiner Präsentation natürlich einer gewissen Anordnung, und diese Anordnung wurde nicht wie bei Johannes de Plano Carpini durch die systematische Abhandlung unterschiedlicher Beschreibungsaspekte erreicht, sondern durch eine geographische Ordnung, die sich in ihren Grundzügen an Marco Polos Reiseroute orientierte. Zunächst folgt die Beschreibung Asiens, ausgehend vom armenischen Mittelmeerhafen Laias über Persien und das zentralasiatische Hochland nach Nordchina, dem Verlauf seiner Hinreise in die nordöstlich von Peking gelegene Sommerresidenz Khubilais, Shangdu. Daran schließt sich die Beschreibung der dem Großkhan unterworfenen Gebiete Nordchinas, das bei Marco Polo Catai heißt, und Südchinas an, das er nach der mongolischen Bezeichnung Mangi nennt, von denen er angibt, sie auf Reisen im Dienst des Großkhans kennengelernt zu haben. Der letzte Teil der Beschreibung folgt dann der Route seiner Rückreise auf dem Seeweg von Südchina durch die südostasiatische Inselwelt und entlang der indischen Küste bis nach Curmos (Hormus) am Persischen Golf.

Die Versuche der geographiegeschichtlichen und historischen Forschung, Marco Polos genaue Reiseroute anhand seines Buches zu rekonstruieren, haben daher immer mit dem Problem zu kämpfen gehabt, dass die Angaben des Berichts sich nicht wirklich zu einer durchgängigen Route verknüpfen ließen. So haben sich die in Tagesreisen angegebenen Entfernungsangaben zwischen Städten und Regionen häufig als unzutreffend erwiesen, oder die angegebene Route von einer Stadt oder Provinz zur nächsten war nicht nachvollziehbar. Die wiederholt angestellten Versuche, Marco Polos Reiseroute anhand moderner Karten zu rekonstruieren oder gar nachzureisen, sind denn auch zu deutlich voneinander abweichenden Ergebnissen gelangt. Eines der praktischen Probleme dieser Rekonstruktionsversuche waren natürlich die uneinheitlichen Schreibweisen von Stadt- und Provinznamen in der Überlieferung des Berichts, deren Identifikation unter den Geographiehistorikern, insbesondere des 19., aber auch noch des 20. Jahrhunderts zum Teil heftig umstritten war. Das methodische Hauptproblem all dieser Rekonstruktionsversuche bestand jedoch darin, dass sie Marco Polos Buch überhaupt als einen Reisebericht lasen, der dem Verlauf seiner eigenen Reise folgte. Definiert man Reiseberichte als die Schilderung eines Ereignisses und der sich dabei zutragenden persönlichen Erlebnisse anhand einer die Narration steuernden raum-zeitlichen Gliederung, so wird jedoch deutlich, dass Marco Polos Buch kein Reisebericht ist. Eine solche Gliederung nämlich fehlt seinem Bericht, denn er verbindet die Beschreibung von Städten und Provinzen zwar durch die Angabe von Ortswechseln und ihrer Zeitdauer, aber er tut dies nicht im Präteritum der Erzählung eigener Erlebnisse, etwa in der Form «und dann gelangte ich innerhalb von 8 Tagen von da nach dort», sondern im Präsens der geographischen Beschreibung, in der Form «zwei Tage von A entfernt liegt B» oder «der Reisende, der A verlässt, gelangt in nordöstlicher Richtung innerhalb von zwölf Tagen nach B». Es handelt sich bei solchen Formeln nicht um den narrativen Nachvollzug seiner eigenen Reise, sondern um die Gliederungsformeln einer chorographischen Beschreibung, in der die einzelnen Orte und Provinzen wie auf einer Perlenschnur aufgereiht sind. Diese Perlenschnur wird jedoch nicht von einer durchgängigen Route gebildet, sondern von der Bedeutsamkeit und Erreichbarkeit der beschriebenen Orte. Zwar tritt Marco Polo in den Überleitungsfloskeln, die den Übergang von einem zum nächsten Kapitel steuern, gelegentlich quasi als Führer seiner Leser auf, aber auch dieses personale Einrücken in den Text ist kein Abbild eines Reiseerlebnisses, sondern die Verknüpfung von Länderkunde, der Präsentation genauer Kenntnisse und der persönlichen Ansprache des Lesers. So heißt es am Ende der Beschreibung von Curmos (Hormus) am Persischen Golf, von wo aus die Schiffe zwischen Persien und Indien verkehrten: «Jetzt aber genug von dieser Stadt. Von Indien rede ich heute nicht, ich komme später im Buch darauf zurück, sobald Zeit und Gelegenheit es erfordern.

Wenden wir uns nun dem Norden und seinen Provinzen zu. Wir werden einen anderen Weg einschlagen, hin in das schon genannte Cherman. Die Gegenden, die ich beschreiben will, sind nur von der Stadt Cherman aus zu erreichen» (ed. Guignard, S. 57). Und ganz ähnlich erklärt Marco Polo nach der Beschreibung der Provinz Kesimur (Kaschmir): «Wir verlassen jetzt Kesimur und nehmen einen anderen Weg, denn wenn wir in derselben Richtung weitergingen, kämen wir nach Indien, und dorthin will ich nicht gelangen. Erst auf der Rückreise will ich, der Ordnung gemäß, von Indien erzählen. Wir wenden uns also wieder nach Badascian, eine andere Möglichkeit gibt es nicht» (ed. Guignard, S. 72). Marco Polo nimmt hier seinen Leser gewissermaßen an Ort und Stelle an die Hand und suggeriert auf diese Weise sowohl die Anwesenheit des Berichterstatters als auch des Lesers an dem gerade beschriebenen Ort. Indem er von der Rückreise spricht, verweist er zwar auf seine eigene Reise als ordnendes Gliederungsprinzip, aber sie bildet eben nur ein formales Gliederungsprinzip, denn die Kehrtwendung zu der schon zuvor beschriebenen Stadt Badascian begründet sich nicht aus der Reiseroute, sondern aus den topographischen Gegebenheiten, d. h. aus der Erreichbarkeit der als nächstes zu beschreibenden Gebiete. Deutlicher wird dies noch am Schluss des Buches, wo Marco Polo den Verlauf einer denkbaren Reiseroute gänzlich verlässt, ohne sie als Ordnungsprinzip jedoch völlig aufzugeben. Zunächst orientiert sich auch der letzte Teil des Berichts mit der Beschreibung der südostasiatischen Königreiche, Küstenregionen und Inseln grundsätzlich an der Route von Marco Polos Rückreise über den Seeweg von China nach Persien, aber nach der Ankunft in Hormus wird mit der Groß-Türkei (= das Khanat Tschaghatai) ein Gebiet beschrieben, das weit ab von der weiteren Route liegt. Der geographische Sprung dient dazu, mit wenigen Worten das Herrschaftsgebiet des Ögödei-Enkels Caidu zu beschreiben, um dann in einer außerordentlich ausführlichen historiographischen Darstellung die innermongolischen Kriege zwischen dem Khanat Tschaghatai und dem Großkhan sowie dem persischen Il-Khanat zu schildern. Diese Beschreibung bildet den Ausgangspunkt für die

Schilderung weiterer innermongolischer Kriege, die eher thematisch als historisch oder geographisch zusammengehören. Deutlicher als an anderen Stellen bestimmt die Reise das Ordnungsmuster des Berichts hier nur noch *pro forma*, während sie *de facto* zugunsten der thematisch geordneten historiographischen Darstellung verschiedener zeitlich und räumlich weit auseinanderliegender innermongolischer Konflikte aufgegeben worden ist. Das Schema einer nachvollzogenen Route wird jedoch in den die Kapitel miteinander verbindenden Überleitungsfloskeln aufrechterhalten. So heißt es in der überleitenden Formulierung, die die Schilderung des Krieges zwischen Baidu und Casan mit der folgenden Beschreibung des Khanats der Goldenen Horde und Russlands verbindet: «Wir reisen weiter, ich werde euch Länder und Völker im Norden schildern» (ed. Guignard, S. 410). Die angekündigte Beschreibung der Länder des Nordens dient jedoch nur als geographische Überleitung zur Geschichte des Krieges zwischen Berke Khan und Il-Khan Hülegü, die nach der Schilderung des Prologs mehr als fünfundzwanzig Jahre zuvor die Heimkehr der Gebrüder Polo verhindert hatte. Den Schluss des Buches bildet sodann ein weiterer innermongolischer Krieg, nämlich der zwischen Noqai, einem Heerführer der Goldenen Horde, und Toghtogha, dem rechtmäßigen Erben der Dynastie, der sich erst 1299, also nach Marco Polos Rückkehr nach Italien, zugetragen hat. Danach bricht der Bericht unvermittelt ab, ohne dass der Faden der Reiseroute mit der Rückkehr der Polos nach Venedig zu Ende gesponnen worden wäre. Auch wenn man den unvermittelten Abbruch des Berichts wahrscheinlich auf seine Entstehungsumstände zurückführen muss, so wird damit doch erneut deutlich, dass Marco Polos eigene Reise nur den Webfaden seiner Beschreibung Asiens bildet, um den er die Geschichte der Mongolen und ihrer Kriege, die Beschreibung der asiatischen Ethnien und der Reichtümer des Ostens schlingt.

Einzeln betrachtet zeichnet sich die Beschreibung der jeweiligen Länder, Provinzen oder Städte durch eine gewisse Stereotypie aus, in der sich sehr wenig von persönlicher Erfahrung mitteilt. Häufig bestehen die deskriptiven Kapitel nur aus der

Benennung des Stadt- oder Provinznamens, der Beschreibung ihrer geographischen Lage und Erreichbarkeit, der Charakterisierung ihrer Bewohner und ihrer Sitten und Gebräuche sowie ihres Glaubens und der Güter, mit denen sie handeln. Zerlegt man die deskriptiven Teile in ihre Einzelelemente, so werden in der Regel sieben Punkte gleichsam abgehakt: 1. die Angabe der Wegstrecken zum jeweils beschriebenen Ort in Tagesreisen oder in Meilen, die häufig von astronomischen Hinweisen zur allgemeinen Orientierung begleitet werden; 2. ethnographische Einordnungen wie die Herrschaftszugehörigkeit, die Religion der Bevölkerung, ihre Sprache und kulturellen Besonderheiten; 3. die Aufzählung der üblichen örtlichen Nahrungsmittel, wobei häufig angemerkt wird, ob diese Nahrungsmittel bekömmlich seien oder nicht; 4. die Sicherheit von Warentransporten zu Wasser oder zu Land; 5. die Agrar- und Manufakturprodukte der jeweiligen Stadt oder Region, deren Menge und Qualität, die durch Hinweise auf die Herstellungsweisen und die Eigenheiten der lokalen Märkte ergänzt werden; 6. die Waren der einzelnen Märkte, die danach unterschieden werden, ob sie am Ort hergestellt oder importiert werden; 7. die lokalen Währungen (Papiergeld, Gold- oder Münzwährung, Muschelgeld, Salzgeld) und ihre Austauschrelationen mit europäischen Währungen, wie beispielsweise die zwischen dem Papiergeld des Großkhans und dem venezianischen *tornesello piccolo* oder dem *grosso d'argento*. Freilich wird dieses Deskriptionsschema bei der Beschreibung der einzelnen Teile Asiens sehr unterschiedlich gewichtet. Während sich die Beschreibung der dem Großkhan unterworfenen Länder Catai und Mangi weitgehend auf den Reichtum der Städte oder Provinzen und den Handel konzentriert, ist das Schwergewicht bei der Beschreibung der indischen Inseln sehr viel stärker auf die merkwürdigen Sitten und Gewohnheiten ihrer Bewohner, die Flora und Fauna sowie die natürlichen Reichtümer wie Edelsteine und Gewürze gelegt. So schreibt Marco Polo über Jaci, die Hauptstadt der dem Großkhan unterworfenen Provinz Caragian: «Am Abend des fünften Tages langt man in der prächtigen Reichshauptstadt Jaci an, da wohnen viele Kaufleute und Handwerker. Die Bevölkerung ist ganz verschiedenartig zusammengesetzt: es gibt Mohammedaner und Heiden und auch einige nestorianische Christen. Weizen und Reis gedeihen sehr gut; Weizenbrot wird in diesem Land nicht verzehrt, weil es unbekömmlich ist; hingegen wird Reis gegessen. Aus Reis stellen die Leute ein gewürztes Getränk her, das hell und klar ist; man wird davon so trunken wie vom Wein. Über ihre Münzen will ich noch berichten. Als Zahlungsmittel werden weiße Muscheln gebraucht, solche, die sich im Meer finden und die für Hundehalsbänder verwendet werden. Achtzig Muscheln sind einen Silbersaggio wert, das entspricht zwei venezianischen Groschen. Merkt euch: acht Saggi aus Feinsilber sind gleich wie ein Saggio aus Feingold. In jenen Gegenden gibt es Salinen, wo Salz gewonnen wird; man verkauft es im ganzen Gebiet. Der König hat einen ansehnlichen Profit aus dem Salzhandel. Die Ehesitten sind recht locker. Niemand hat etwas dagegen, wenn einer des andern Frau begehrt, vorausgesetzt, die Frau sei damit einverstanden. Soviel wäre über dieses Reich zu sagen; später werde ich ganz Caragian besprechen (...)» (ed. Guignard, S. 191). In diesem Abschnitt sind die einzelnen Punkte des deskriptiven Schemas nahezu vollständig versammelt, wobei das Schwergewicht auf den Nahrungs- und den Zahlungsmitteln liegt, während das kostbare Handelsgut Salz, dessen Gewinnung an anderer Stelle ausführlich beschrieben ist (vgl. ed. Guignard, S. 215), nur en passant erwähnt wird. Dagegen ist das deskriptive Schema bei der Beschreibung der im Golf von Bengalen gelegenen indischen Insel Necuveran (= eine Insel der Nikobaren) nur in Teilen präsent, wodurch sich der Fokus der Beschreibung deutlich verlagert: «Hier herrscht kein König, und das Volk lebt wie die Tiere. Männer und Frauen gehen alle nackt, sie bedecken sich mit gar nichts. [Sie besitzen sehr schöne, drei Ellen lange Gewänder oder Überwürfe aus Seide jeglicher Farbe. Sie kaufen die Gewänder von durchreisenden Händlern und hängen sie in ihren Wohnstätten über Stangen als Zeichen von Reichtum und Adel, genau wie wir bei uns Perlen und Edelsteine, Gold- und Silbergefäße zur Schau stellen. Sie tragen die Gewänder nie, sie brauchen sie bloß zum Präsentieren, und wer die meisten und schönsten hat, gilt als der Edelste und Mächtigste.] In den Wäldern wachsen wertvolle Edelhölzer, rotes Sandelholz, Kokospalmen, Gewürznelkenbäume, Rotholz und viel anderes. [Die Kokosnüsse werden bei uns Pharaonennüsse genannt. Auch Paradiesäpfel gedeihen.] Sonst weiß ich nichts Bemerkenswertes; wir segeln weiter zur Insel Angaman» (ed. Guignard, S. 300 f.). Je nach seiner Gewichtung konnten mit dem gleichen Schema also durchaus unterschiedliche Aspekte hervorgehoben werden, so dass die Einzelbeschreibungen zusammengenommen ein sehr heterogenes Bild Asiens zeichneten. Die Einzelbeschreibungen gleichen sich aber darin, dass sie im Stil einer objektiven Darstellung die jeweiligen Orte eher verzeichnen, als sie anschaulich zu schildern. Dieses Verfahren ist grundsätzlich kennzeichnend für Marco Polos Art der Darstellung, die nicht die Perspektive eines persönlichen Betrachters einnimmt, sondern im Stil eines länderkundlichen Führers die jeweiligen Städte und Regionen quasi objektiv beschreibt.

Dieses Prinzip der chorographischen Beschreibung wird jedoch immer wieder durch historiographische und narrative Teile unterbrochen und ergänzt. Die Raumbeschreibung wird auf diese Weise zu einem Gesamtbild komplettiert, das sich nicht nur durch geographische Breite, sondern auch durch historiographisch-ethnographische Tiefe und narrativ-anekdotische Farbigkeit auszeichnet. Konsequenterweise erzählen aber auch die narrativ-anekdotischen Teile nichts von Marco Polos eigenen Reiseerlebnissen, sondern bieten Geschichten aus der je beschriebenen Stadt oder Provinz, mittels derer die ethnographische Charakterisierung gebündelt und narrativ verdichtet oder durch einen erzählerischen Kontrapunkt relativiert wird. So äußerte Marco Polo etwa zunächst über die Bewohner von Mosul, sie seien größtenteils mohammedanische Sarazenen und warnte seine Leser, «das ist ein kriegerisches und arglistiges Volk» (ed. Guignard, S. 34), um anschließend ein narratives Exempel einzuflechten, das einerseits geeignet war, diese Einschätzung zu bestätigen, andererseits aber ein hoffnungsvolles Beispiel für die Macht und Überzeugungskraft des wahren, christlichen Glaubens bot. Im Jahre 1275, so erzählte Marco

Polo, habe der Kalif von Bagdad in zynischer Anlehnung an das Bibelwort (Mat. 21,22), der Glaube versetze Berge, von den in seinem Reich lebenden Christen verlangt, sie sollten mit ihren Gebeten einen Berg verrücken und gedroht, sie alle töten zu lassen, wenn ihnen dies nicht gelinge. Nachdem die verzweifelten Christen bereits eine Woche zu Gott um ein Wunder gefleht hätten, sei ihrem Bischof ein Engel erschienen und habe ihm verkündet, durch das Gebet eines einäugigen Schuhmachers werde sich der Berg verrücken (ed. Guignard, S. 36 ff.). Als der Bischof nach dem Schuhmacher schicken ließ, habe dieser zunächst nicht kommen wollen, weil er wegen seiner christlichen Demut nicht geglaubt habe, dass Gott um seiner Gebete willen ein so großes Wunder vollbringen werde. Schließlich habe er jedoch dem Drängen nachgegeben, und nachdem er inbrünstig zu Gott gefleht habe, sei der Berg tatsächlich eine ganze Meile verrückt worden. Nach dem Wunder der Bergverrückung, so teilte Marco Polo abschließend mit, hätten sich zahlreiche Sarazenen bekehrt, und insgeheim sei sogar der Kalif Christ geworden.

Vergleichbare Erzählelemente sind in verschiedenen Teilen des Buches eingeflochten; eigentlich gibt es keinen größeren Abschnitt der Beschreibung, in den nicht mindestens eine oder auch mehrere Kurzerzählungen eingeschoben sind: In Persien wird neben dem Wunder von Bagdad noch die Geschichte von dem auf die Heiligen Drei Könige zurückgehenden Brauch der Feueranbetung und die Geschichte des Alten vom Berge und seinen Assassinen erzählt; in Catai die Geschichte vom Goldkönig und dem Priester Johannes; im indischen Maabar die Geschichte, wie der Apostel Thomas einem Fürsten im Traum erschien und von der indischen Insel Ceylon die Geschichte des frommen Königssohnes Sergamoni, der auf sein königliches Erbe verzichtete, um in Armut und Einsamkeit sein Dasein zu fristen. Diese eingeflochtenen Kurzerzählungen hatten aber nicht nur die Funktion, zu unterhalten oder die Beschreibung aufzulockern, sondern sie dienten auch dazu, die Deskription durch narrative Verdichtung zu ergänzen und eindrücklicher zu gestalten. Als klassische Anekdoten standen sie nicht im Gegensatz zur Beschreibung, sondern bildeten ein ergänzendes Element der Beschreibung, gerade weil sie vom reinen Beschreiben zum Erzählen übergingen und damit den besonderen Charakter eines Volkes oder einer Provinz genauer illustrierten. Durch die Mischung aus rein deskriptiven, historiographisch-narrativen und ethnographisch-anekdotischen Teilen trat Asien Marco Polos europäischen Lesern nicht nur als ein Teil der Welt entgegen, der sich durch seine schiere Größe und die Ansammlung von Merkwürdigem und Wunderbarem auszeichnete, sondern auch als ein Teil der Welt, der eine eigene Geschichte hatte und durch Geschichten verstehbar gemacht werden konnte.

Von Dschingis bis Khubilai Khan: Die Geschichte der Mongolen

Im Mittelpunkt der Geschichte und der Völker Asiens standen natürlich die Mongolen und insbesondere das Reich des Großkhans Khubilai, in dessen Diensten Marco Polo nach seinen Angaben als Berichterstatter tätig war. Auch bei der Beschreibung der Mongolen und ihrer Geschichte vermischten sich chorographische und historiographisch-narrative Aspekte, aber im Gegensatz zur ansonsten vorherrschenden objektivistischen Art der Darstellung brachte Marco Polo hier immer wieder seine höchste Bewunderung zum Ausdruck. Ihren Ausgang nahm die Darstellung der mongolischen Geschichte bei Marco Polo an dem Ort, an dem sie ihren historischen Anfangspunkt hatte. Nachdem er Städte und Provinzen Persiens und Zentralasiens beschrieben hatte, fügte er an die Beschreibung von Caracoron (Karakorum), der ersten mongolischen Hauptstadt, die Geschichte des Aufstiegs der Mongolen von einem kleinen Volk zur beherrschenden Macht Asiens an. «Es ist wahr, daß die Tartaren gen Norden in der Gegend von Ciorcia lebten; und in dieser Gegend gibt es ausgedehnte Ebenen, wo es keine Behausungen wie Städte oder Burgen gab, aber große Weiden, Flüsse und genügend Wasser. Die Tartaren waren ein freies Volk, aber es ist wahr, daß sie einem mächtigen Herrn tributpflichtig waren, der in ihrer Sprache Unc Can hieß, was auf französisch großer Herr bedeutet. Und das war jener Priester Johann, von dessen großer Herrschaft die ganze Welt spricht» (ed. Benedetto, S. 50, Übers. MM). Im Jahre 1187 nach der Geburt des Herrn hätten sich die Tartaren einen König aus ihrer Mitte gewählt, den sie in ihrer Sprache Dschingis-Khan nannten. «Dieser war ein Mann von großer Tugend, hohem Sinn und großer Klugheit» (ed. Benedetto, S. 50, Übers. MM). Unter seiner guten und freimütigen Herrschaft sei das Volk der Tartaren gewachsen und gediehen, weshalb er beschlossen habe, sein Herrschaftsgebiet zu vergrößern. In kurzer Zeit habe er nicht weniger als acht Provinzen unterworfen, deren Bewohnern er aber weder etwas zuleide getan noch etwas weggenommen, sondern sie vielmehr aufgefordert habe, sich ihm anzuschließen, um sein Herrschaftsgebiet noch weiter auszudehnen. Als die Menschen gesehen hätten, welch guter Herrscher der Khan war, hätten sie sich ihm gerne angeschlossen. Nachdem Dschingis Khan so viele Völker um sich versammelt hatte, habe er die Tochter des Priesterkönigs Johannes zur Frau begehrt, der ihn jedoch mit den beleidigenden Worten zurückgewiesen habe, der Großkhan sei nur sein Vasall und Diener, und eher werde er seine Tochter verbrennen, als sie ihm zur Frau zu geben. Dschingis Khan habe daraufhin verkündet, er werde so lange die Herrschaft nicht ausüben, bis die große Beleidigung gerächt sei, die ihm der Priesterkönig angetan habe. Schließlich sei es zwischen den Heeren Dschingis Khans und des Priesterkönigs zur Schlacht gekommen, in der Dschingis Khan den Sieg davongetragen und der Priesterkönig den Tod gefunden habe.

Marco Polo vermischte in dieser Erzählung mehrere Elemente aus der mongolischen Geschichte miteinander: Auf eine historische Gestalt aus der Frühzeit des mongolischen Aufstiegs, nämlich Togrul, den Herrscher der Kerait, der die Verheiratung seiner Tochter mit Dschingis-Khans Sohn abgelehnt hatte, übertrug er den Namen des Priesterkönigs (vgl. Leonardo Olschki, Marco Polo's Asia, S. 321 f. u. 394 f.), und eine Schlacht in der Ebene von Tenduc, die in den Kontext der ersten mongolischen Eroberungen in China gehört, beschrieb er als den entscheidenden Kampf zwischen den Heeren Dschinghis Khans und des Priesterkönigs Johannes (vgl. ebd., S. 323 f.). Entscheidender als dieser historische Irrtum ist jedoch, dass Marco Polo den mongolischen Aufstieg unter dem ersten Großkhan Dschinghis Khan völlig anders erzählte als sein franziskanischer Vorläufer Johannes de Plano Carpini, der in seinem Bericht an den Papst den Aufstieg der Mongolen unter Dschingis Khan ebenfalls dargestellt hatte. Wo dieser den Aufstieg eines machtgierigen und herrschsüchtigen Kriegsherrn beschrieben hatte, der große Teile Asiens unterjocht hatte und dessen Nachfolger nun ihre gierigen Hände nach dem christlichen Europa ausstreckten, erzählte Marco Polo die Geschichte vom glänzenden Aufstieg eines weisen und gerechten Herrschers, dessen Herrschaft sich zahlreiche Völker freiwillig unterwarfen. Der in Europa berühmte christliche Priesterkönig Johannes, den Carpini als einzigen asiatischen Hoffnungsträger im Kampf gegen den mongolischen Weltherrschaftsanspruch beschrieben hatte, verwandelte sich unter Marco Polos Zugriff in einen ungerechten Despoten, der durch sein eigenes Verhalten einen gerechten Krieg gegen sich heraufbeschworen hatte. Nicht aus dem *tartarus* oder den von Alexander dem Großen errichteten eisernen Pforten, wie man in der Mitte des Jahrhunderts in Europa gemutmaßt hatte, waren die Mongolen nach Marco Polos Darstellung hervorgebrochen, sondern aus der Unterdrückung durch einen ungerechten Herrscher, dessen Niedergang ihren Aufstieg begründete. Doch damit nicht genug, stellte er die mongolische Geschichte vom großartigen Begründer ihres Reiches bis zum gegenwärtigen Großkhan als den kontinuierlichen Aufstieg einer Dynastie dar: «Es ist verbürgt: nach Cinghis herrschte als zweiter Khan Cui, der dritte war Batu, der vierte Oktai, der fünfte war Mongu Khan. Der sechste, der jetzt regiert, ist Kublai Khan; er ist größer und mächtiger als alle andern. Auch wenn man die Macht der übrigen fünf vereinigte, würde sie nie an Kublais Größe heranreichen. Ja, ich muss noch weiter ausholen: auch wenn sich alle Kaiser der Welt, alle christlichen und alle Sarazenenkönige verbänden, sie wären nie so stark und könnten nie so viel unternehmen wie der Große Kublai allein» (ed. Guignard, S. 97). Abgesehen davon, dass die Reihenfolge und die Namen der hier genannten Großkhane teilweise falsch waren, vollzog Marco

Polo damit eine beispiellose Neubewertung der mongolischen Geschichte, denn er rückte nicht nur die Europa nicht tangierenden Anfänge des mongolischen Aufstiegs in ein neues Licht, sondern integrierte implizit in seine durchgängig positive Darstellung der mongolischen Geschichte selbst die bis nach Europa reichenden mongolischen Eroberungszüge, denen 1241 bei Liegnitz ein europäisches Ritterheer zum Opfer gefallen war.

Khubilai Khan, der Held Marco Polos

Den Höhepunkt des unaufhörlichen Aufstiegs der mongolischen Dynastie bildete Khubilai Khan, dessen Macht nach Marco Polos Darstellung die aller anderen Herrscher der Welt übertraf. Seiner Herrschaft widmete Marco Polo sich, nachdem er den Weg von Karakorum nach Shangdu, der nördlich von Peking gelegenen Sommerresidenz des Großkhans, beschrieben hatte. Beginnend mit der Beschreibung des Palastes von Shangdu war die Darstellung Khubilais und seiner Herrschaft ein unaufhörliches Loblied auf den mächtigsten und vortrefflichsten Kaiser der Welt. Seine Paläste und Gärten, seine Jagdgesellschaften und Feste, seine Regierung und die Fürsorge für seine Untertanen – stets erwies sich in Marco Polos Darstellung der Großkhan als der prächtigste und großartigste Herrscher, den die Welt seit Adams Zeiten gesehen hatte. Schon die Zahlen, mit denen Marco Polo operierte, ließen die Pracht der höfischen Gesellschaft am mongolischen Kaiserhof in hellstem Glanz erstrahlen. Zu seinen Festen, so Marco Polo, lade der Großkhan stets zwölftausend Fürsten und Ritter ein, die er zu jedem Fest mit neuen golddurchwirkten und perlenbestickten Seidenkleidern ausstaffiere, «damit der Glanz der Festlichkeiten unvergleichlich sei» (ed. Guignard, S. 143). Zu seinen Jagden werde er von zwanzigtausend Jägern mit viertausend Hunden und von zehntausend Falknern begleitet, und für die Erholung der Jagdgesellschaft seien mehr als zehntausend Zelte aufgerichtet, von denen eines schöner und kostbarer sei als das andere. Das Zeltlager sei so groß und prächtig, dass man meinen könne, der Kaiser halte in einer seiner schönsten Städte Hof. «Einer, der es nicht mit eigenen Augen gesehen hat», so schloß Marco Polo diese Beschreibung, «vermag sich den Glanz und die Großartigkeit dieses Hofes gar nicht vorzustellen» (ed. Guignard, S. 150).

Was nach Marco Polo die Herrschaft Khubilais so einzigartig machte, war aber nicht nur die unermessliche Pracht, mit der er seine Herrschaft umgab, sondern auch die gute Regierung, die er ausübte, und die Gerechtigkeit, die er walten ließ. Auf die Darstellung der herrscherlichen Pracht folgte daher die Beschreibung des ausgeklügelten Post- und Gesandtschaftswesens im Reich des Großkhans, der Wegesicherheit, der staatlichen Vorratshaltung und der Fürsorge für seine Untertanen. Selbst auf Steuereinnahmen, so Marco Polo, verzichte der Kaiser, wenn seine Untertanen durch Seuchen oder Missernten ihres Viehs oder ihrer Getreideernte verlustig gingen, ja, er ersetze ihnen sogar ihren Verlust, damit sie nicht in Not gerieten. «Wenn ihm gemeldet wird, die Leute hätten eine schlechte Ernte gehabt und es fehle ihnen an Korn, dann erläßt er ihnen nicht nur die Steuer für das laufende Jahr, sondern er liefert ihnen von seinem Getreide, damit sie zu säen und zu essen haben. In solcher Weise zeigt der oberste Herrscher seine große Güte» (ed. Guignard, S. 162).

Der unermessliche Reichtum in China war nach dieser Darstellung nicht nur Ausdruck einer im Übermaß begünstigten Natur, sondern auch der Ausdruck einer guten Regierung, in der sich die Pracht des Kaiserhofes und der Wohlstand der Bewohner seines Reiches mit der Fürsorge des Herrschers für seine Untertanen auf das vortrefflichste verbanden. Immer wieder erklärte Marco Polo, es gebe alles zum Leben im Überfluss und nirgendwo herrschten Mangel oder Armut. Insbesondere die Städte erschienen in seiner Beschreibung als der Kristallisationspunkt einer überwältigenden Prosperität, die alles in den Schatten stellte, was Europa im Vergleich aufzubieten hatte. Dabei nahm Canbaluc (= Khanbaliq/Peking), die Stadt des großen Khans, eine besonders herausragende Stellung ein: «Nirgends auf der Welt werden dermaßen viele seltene, erlesene Waren gehandelt wie in Canbaluc. Ich werde euch einige nennen. Aus Indien stammen die teuersten Dinge, Edelsteine, Perlen und andere Kostbarkeiten. Das Wertvollste, das es in Catai und in den übrigen Provinzen gibt, wird nach Canbaluc gebracht. Alles findet Absatz; denn hier residiert der oberste Herrscher, hier wohnen die reichen Frauen, die Fürsten und viele andere Menschen; hier halten sich Gäste auf, hierher reisen Unzählige, wenn der Kaiser Hof hält. Aus diesen Gründen ist Canbaluc so großartig und mit keiner anderen Stadt zu vergleichen» (ed. Guignard, S. 153).

Am meisten zeigte sich Marco Polo von einer Erfindung des Großkhans beeindruckt, die auf den ersten Blick wenig Glanz vermittelte. Nach seiner Beschreibung von Canbaluc merkte er an, der Khan sei noch sehr viel reicher, als er bis jetzt berichtet habe, und deshalb wolle er im Folgenden erklären, warum dies der Fall sei. «In Canbaluc befindet sich die kaiserliche Münzstätte. Wenn man sieht, wie sie eingerichtet ist, könnte man sagen, der Kaiser kenne die letzten Geheimnisse der Alchimie» (ed. Guignard, S. 154). Die Geheimnisse der Alchimie, von denen Marco Polo hier sprach, bestanden freilich nicht in der Herstellung von Gold, sondern in seiner Ersetzung durch ein anderes Zahlungsmittel, das von Wilhelm von Rubruk zwar schon einmal beschrieben worden, in Europa ansonsten aber unbekannt war: Papiergeld. Das Geheimnis des Papiergelds allerdings, das Marco Polo umstandslos preisgab, bestand nicht in seiner Herstellung, sondern in seiner Durchsetzung als allgemeines Warenäquivalent – und auch hierin war der Großkhan sämtlichen europäischen Herrschern weit überlegen: «Mit diesem Geld (...) wird alles bezahlt; (...) im ganzen kaiserlichen Machtbereich ist es das einzige Zahlungsmittel. Sollte sich jemand weigern, es anzunehmen, droht ihm die Todesstrafe. Doch ich kann euch sagen, jeder einzelne, alle Völker des Reiches empfangen das Papiergeld gerne, denn wohin sie auch immer gehen, die Scheine gelten überall; die Leute erstehen damit ihre Waren, Perlen und Edelsteine und Gold und Silber. Alles und jedes können sie kaufen, die Scheine haben ihren Wert» (ed. Guignard, S. 154 f.).

Deutlicher als an anderen Stellen des Berichts wird hier erkennbar, dass Marco Polos Beschreibung nicht unbedingt ökonomisch-politischen Imperativen folgte: Richtig ist, dass das Papiergeld in China nach der Konsolidierung der mongolischen Herrschaft in großem Stil eingeführt und ab 1262 der private Handel mit Edelmetallen verboten worden war. Edelmetalle mussten bei den staatlichen Ausgleichsämtern gegen Papiergeld eingetauscht werden. Die Papierwährung erfreute sich jedoch keineswegs großer Beliebtheit, und ihre Akzeptanz musste immer wieder mit Zwangsmaßnahmen gestützt werden.

Die Gründe für die Papiergeldemission und den staatlichen Zwangskurs lagen vor allem in der nicht ausreichenden Edelmetallproduktion Chinas, die eine Währung in Gold-, Silber- oder auch Kupfermünzen ausschloss. Es kam jedoch schon bald zu stark inflationären Tendenzen, die 1287 zu einer Geldentwertung in der Relation fünf zu eins führte, die Marco Polo mit keinem Wort erwähnt. Vielmehr scheint ihm das Problem der Inflation völlig entgangen zu sein, denn er bemerkt, der Großkhan lasse von dem Papiergeld eine solche Menge herstellen, dass man alle Schätze der Welt damit kaufen könne (vgl. ed. Guignard, S. 154). Freilich diente die Beschreibung des Papiergeldes auch nicht der Darstellung ökonomischer Funktionsbedingungen und machtpolitischer Strukturen, und man muss deswegen nicht daraus schlussfolgern, Marco Polo habe kein Wissen darüber gehabt. Was er beschrieb, war der überwältigende Reichtum des Großkhans als Ausdruck seiner großartigen Herrschaft, aber nicht die Problematik eines staatlichen Zwangsumtausches, mittels dessen eine Besatzungsmacht sich die Reichtümer eines Landes aneignete. «Aber hört weiter: oftmals im Jahr wird in den Städten der Befehl bekanntgemacht, jeder Besitzer von Edelsteinen und Perlen, von Gold und Silber müsse alles zur kaiserlichen Münzstätte bringen. Jedermann gehorcht, und eine Unmenge von kostbaren Gegenständen sammelt sich an und wird in papierne Scheine umgesetzt. Auf diese Weise häufen sich edle Metalle und Steine aus dem ganzen Reich in den Schatzkammern des Großkhans. (…) Nun versteht ihr, warum in keinem Schatzhaus der Welt solch ein Reichtum anwachsen kann wie im Tartarenreich. Ich übertreibe nicht, wenn ich behaupte, alle Mächtigen unseres Jahrhunderts besitzen nicht soviel wie der Khan allein» (ed. Guignard, S. 155 f.).

Khubilai Khan war nach Marco Polos Darstellung die Inkarnation des reichen und prachtvollen Ostens; er vereinigte in sich all die Vorstellungen, die sich mit den Reichtümern Asiens verbanden, und er vervollkommnete sie durch eine perfekte Regierung. Er war der eigentliche Held des Berichts, und Marco Polo war sein Berichterstatter. Nicht der Berichterstatter für den Großkhan freilich, als der er sich selbst im Bericht bezeichnet hatte, sondern der Berichterstatter über den Großkhan, als der er seinen europäischen Lesern gegenübertrat. Er rückte den mongolischen Großkhan in ein völlig neues Licht, und er tat dies mit solcher Emphase, dass man zu vermuten geneigt sein könnte, dies sei seine eigentliche Funktion im Dienste des Großkhans gewesen. Wenn es Marco Polo jedenfalls darum gegangen sein sollte, mit seinem Bericht in Europa ein neues Bild der mongolischen Herrschaft zu begründen, dann hätte er Khubilai Khan sicherlich nie einen größeren Dienst geleistet als mit seinem Buch, auch wenn dieser schon verstorben war, als der Bericht abgefasst wurde.

Welcher Marco Polo?
Die handschriftliche Überlieferung des Berichts

Die Frage des Originals oder: Welcher Text?

Schon bald nach ihrer ersten Niederschrift stieß Marco Polos Beschreibung Asiens auf großes Interesse und wurde nicht nur durch Abschriften verbreitet, sondern in rascher Folge auch in mehrere europäische Sprachen übersetzt. Anders als die lateinischen Berichte der Franziskaner Johannes de Plano Carpini und Wilhelm von Rubruk war Marco Polos Bericht nicht nur für einen politisch-klerikalen Spezialistendiskurs interessant, in dem es darum ging, auf die mongolische Bedrohung Europas zu reagieren und die Mongolen innerhalb der Heilsgeschichte einzuordnen, sondern für alle, für die aus den unterschiedlichsten Gründen Nachrichten aus Asien wichtig waren. Dazu gehörten beispielsweise die hochadeligen Käufer asiatischer Luxuswaren und die Angehörigen der Bettelorden ebenso wie toskanische Kaufleute. Sie alle konnten in Marco Polos Beschreibung zumindest in Teilen finden, was für sie jeweils besonders wissenswert war, zumal der Bericht durch die Vielfalt seiner Beschreibungsmuster unterschiedlichste Interessen befriedigen konnte. Gerade weil das Buch in seiner deskriptiven Struktur durchaus heterogen war, ermöglichte es unterschiedliche Lektüren: Man konnte es ebenso als erbauliche Lektüre von den Wundern der Welt lesen wie als informatives Sachbuch über die Reichtümer des Ostens und ihre Herkunftsorte, es bot Informationen zu geographisch-astronomischen Fragen wie auch zu den in Asien verbreiteten Religionen und den christlichen Missionsmöglichkeiten.

Zunehmend konzentrierte sich das Interesse auch auf Marco Polo selbst, der über ein so außergewöhnliches Wissen verfügte. Rustichello da Pisa dagegen, der ihm zu seinem Buch verholfen und damit seine spätere Berühmtheit begründet hatte, geriet alsbald in Vergessenheit. Verballhornte man in den Abschriften des Textes zunächst noch seinen Namen, unter anderem zu «Rustico», so ließ man ihn schon bald ganz weg, und das Buch erschien als das alleinige Werk Marco Polos, dessen Stern als allwissender Reisender und alleiniger Autor des Berichts immer heller erstrahlte. Freilich war dieser Stern in erster Linie der Abglanz jenes Bildes, das Rustichello selbst geschaffen hatte, indem er Marco Polo als den quasi einzigen Europäer präsentiert hatte, der das Wissen und die Fähigkeit besaß, Asien in der Gesamtheit seiner außergewöhnlichen Vielfältigkeit zu beschreiben.

Mit der ausschließlichen Ausrichtung des Berichtes auf den Autor Marco Polo und sein exklusives Wissen wurde dessen Beschreibung jedoch keineswegs sakrosankt. Anders als spätere Zeiten hatte man keine Vorstellung von Urheberrechten und der Abgeschlossenheit von Texten, sondern bemühte sich im Gegenteil, Verbesserungen vorzunehmen, um das Werk zu perfektionieren oder dem Interesse des jeweiligen Auftraggebers der Abschrift anzupassen. So wurde der Bericht immer wieder umgestellt, gekürzt, sprachlich in eine andere Form gebracht, nicht selten auch verändert und erweitert. Womit Rustichello begonnen hatte, nämlich dem Augenzeugen seine Stimme zu leihen, setzte in der handschriftlichen Überlieferung ein ganzes Heer von Redaktoren, Übersetzern und Schreibern fort, so dass sich in vielen Fällen nicht mehr feststellen lässt, ob einzelne Passagen jeweils das Werk Marco Polos oder eines anonymen anderen sind, der in den Text einfügte, was ihm selbst bemerkens- und wissenswert erschien.

So ist paradoxerweise der unter dem Namen Marco Polos überlieferte Bericht, der wie kaum ein anderer Text die Exklusivität des berichtenden Augenzeugen hervorhob, kein stabiler, ein für allemal festgeschriebener Text, sondern ein komplexes Konglomerat von etwa einhundertfünfzig Handschriften, von denen keine mit einer anderen völlig identisch ist. Selbst die Hierarchisierung der Handschriften nach ihrer Nähe zum Urtext in einem einheitlichen Stemma hat sich als nahezu unmöglich erwiesen, weil die Variationen zwischen den Textzeugen so groß sind, dass ihre vollständige Rückführbarkeit auf einen ursprünglichen Originaltext, auf den sämtliche Varianten zurückgehen, mehr als unwahrscheinlich ist. Zwar hat Luigi Foscolo Benedetto, der die Verästelungen der handschriftlichen Überlieferung in seiner Textausgabe als erster detailliert beschrieb, den franko-italienischen Text der Pariser Handschrift BN fr. 1116 aufgrund der Übereinstimmungen mit Rustichellos Roman als die dem verlorenen Original am nächsten kommende Fassung identifiziert, worin ihm die Forschung weitestgehend gefolgt ist, aber auch er musste zugeben, dass die Handschrift nicht alles enthielt, was unter Marco Polos Namen überliefert worden war. Bei Textstellen, die nur in einer Handschriftengruppe oder auch nur einer einzelnen Handschrift enthalten waren, ging er deshalb immer davon aus, dass sie auf das verlorene Original und ebenfalls verlorene Zwischenstufen zurückgingen, die in dem Text der Pariser Handschrift fehlten.

Hinzufügungen innerhalb der Überlieferung schloss er demgegenüber aus, obwohl seine stupende Kenntnis der Handschriften ihn zu der Überzeugung hätte bringen müssen, dass der Text nicht nur gekürzt, sondern auch erweitert wurde. Den Gedanken, man könne in der handschriftlichen Tradierung des Berichts Marco Polo Worte in den Mund gelegt und ihm damit Beschreibungen untergeschoben haben, die nicht auf ihn zurückgingen, verbot der große Marco-Polo-Forscher sich freilich. Dieser Gedanke nämlich hätte seine eigenen Vorstellungen von einem ursprünglich vollständigen Text, den man als Marco Polos geistiges Eigentum rekonstruieren könnte, obsolet gemacht. Genau diesen Schluss aber legt die Untersuchung der handschriftlichen Überlieferung nahe: Je berühmter Marco Polo als exklusiver Kenner Asiens wurde, desto reizvoller wurde sein Text sowohl für Hinzufügungen, in denen der Augenzeuge bestätigte, was andere zu wissen meinten, als auch für Streichungen, die dafür Sorge trugen, dass er nichts Überflüssiges oder Anstößiges berichtete. Auch Marco Polo selbst könnte bei der weiteren Verbreitung seines Berichtes, die zu einem nicht unerheblichen Teil noch zu seinen Lebzeiten in Gang kam, Ergänzungen oder Veränderungen vorgenommen haben, um den unter widrigen Umständen entstandenen Text zu verbessern. Möglicherweise war er nicht mit allem zufrieden, was Rustichello aus seinen Erzählungen gemacht hatte, und nutzte die entstehenden Abschriften und Übersetzungen, um selbst noch einmal in den Text einzugreifen. Da über die Produktion der Handschriften jedoch kaum Erkenntnisse vorliegen, lässt sich letztlich nicht eindeutig rekonstruieren, welche Veränderungen oder Erweiterungen auf Marco Polo selbst zurückgehen und welche von anderer Hand stammen. Insofern die einzelnen Handschriftenstränge aber durchaus unterschiedliche Sichtweisen auf Asien transportieren, bleibt zur Analyse dessen, wie Marco Polo Asien gesehen hat, nur die Untersuchung dessen, wie er es beschrieben hat – in den unterschiedlichen Fassungen, die unter seinem Namen kursierten.

Die unterschiedlichen Handschriftengruppen

Stützen kann man sich dabei immerhin auf die Unterteilung der Handschriften in Gruppen, wenngleich sich auch innerhalb der einzelnen Handschriftengruppen nicht unerhebliche Varianten des Textes aufzeigen lassen. Relativ eindeutig lassen sich sechs Gruppen voneinander unterscheiden:

Die erste Gruppe bildet die Familie der franko-italienischen Manuskripte (F), die aus etwa 20 Handschriften besteht, als deren «besterhaltene» der von Luigi Foscolo Benedetto edierte cod. fol. 1116 der Bibliothèque Nationale in Paris gilt (vgl. ed. Benedetto, S. CCXX). Diese Gruppe ist, wie oben dargestellt, durch den Tonfall Rustichellos da Pisa geprägt, der die Präsenz des Erzählers in jedem Kapitel des unter dem Titel *Divisament dou monde* überlieferten Berichts imaginiert, und sie bildet die Grundlage der meisten Übersetzungen, was man in der Regel schon an der Übernahme des Prologs erkennen kann.

Auf einer Übersetzung dieses franko-italienischen Textes beruht die Gruppe der französischen Handschriften (FG bzw. FR), zu der eine Reihe wundervoll illustrierter Prachthandschriften für den französichen König sowie den Herzog von Burgund gehören. Insgesamt umfasst die Gruppe 18 Handschriften, von denen in einigen behauptet wird, es handele sich bei ihnen um Kopien einer Handschrift, die Marco Polo selbst 1307 dem Beauftragten des Herzogs von Valois, Thibauld de Chépoy, überreicht habe, als dieser in Venedig weilte, also um unmittelbare Abschriften des Originals (vgl. ebd. S. XXXIV–LXXIX). Die Behautung, Thibauld de Chépoy habe von Marco Polo «la premiere copie de son dit livre» (S. XXXIX) erhalten, hat Benedetto aufgrund paläographischer Evidenzen jedoch widerlegt, und sie dürfte unabhängig davon, ob eine Begegnung zwischen Marco Polo und Thibauld überhaupt stattgefunden hat, in erster Linie dazu gedient haben, die französische Variante mit der Dignität der besonderen Autornähe auszustatten (vgl. ebd., S. LVII). Der Übersetzer, dessen Name in einem Teil der Handschriften mit Grégoire angegeben wird, hat den Bericht in ein überaus elegantes höfisches Französisch übertragen, ihn dabei vor allem stilistisch geglättet und zu einem Lesebuch für den französischen, burgundischen und englischen Hochadel gemacht. Besonderes Interesse galt bei dieser Fassung offenbar der Gestalt des Großkhans, und zwei der Manuskripte nennen den Text denn auch *rommans du grant Kaan.* Von seinen Ländern und Reichtümern war man offenbar bestrebt sich ein genaueres Bild zu machen, und so wurde ein Teil der Handschriften mit kostbaren Miniaturen illustriert, die aus dem Lesebuch auch ein Anschauungs- und Vorzeigebuch machten. Die berühmteste dieser Prachthandschriften ist der heute in der Pariser Nationalbibliothek aufbewahrte *Livre des Merveilles* (BN, ms. fr. 2810), in dem Marco Polos Bericht mit anderen Berichten über Asien zu einem Buch der Wunder zusammengefügt wurde, das Johann Ohnefurcht, Herzog von Burgund, 1413 seinem Onkel Jean de France, Duc de Berry, schenkte. Bücher wie dieses repräsentieren das Bestreben des europäischen Hochadels, seinen eigenen Kenntnisreichtum von den Wundern der Welt glanzvoll darzustellen und sich diese Wunder damit gleichsam als Wissensschatz anzueignen.

Ganz anders präsentierte den Text dagegen die dritte Gruppe, die von der Familie der toskanischen Übersetzungen (TA) aus dem frühen 14. Jahrhundert gebildet wird. Wie die französische Übersetzung beruhen sie auf dem franko-italienischen Text, sie sind jedoch sämtlich unillustriert und bieten den Bericht im Vergleich zu den franko-italienischen Manuskripten zum Teil um einiges kürzer (vgl. ebd., S. LXXX–XCIX). So sind die Kapitel über die innermongolischen Kriege und Streitigkeiten mit ihren langen Schlachtenbeschreibungen oftmals gekürzt oder ganz weggelassen, und in einer Reihe von Kapiteln gegen Ende des Textes, wo von Orten mit besonders guten Agrarprodukten und Jagdmöglichkeiten die Rede ist, wird die Beschreibung wiederholt mit Bemerkungen wie «sono com que' di sopra» abgekürzt (vgl. ed. Bertolucci-Pizzorusso, Milione, S. 381–388). Auch der Sprachstil ist ein anderer: Die rhetorischen Fragen an den Leser (wie: *Und was soll ich euch sagen?* oder: *Wie soll ich es euch beschreiben?*) sind weitgehend weggefallen, und es wird so gut wie keine direkte Rede verwendet. Damit fehlt dem Text, etwa bei den Gesprächen Marcos mit dem Großkhan, bei geringen inhaltlichen Abweichungen das höfisch-statuarische Gepräge, das ihm Rustichello da Pisa verliehen hatte. Darüber hinaus zeichnet diese Handschriften aus, dass sie alle den Bericht unter dem neuen Titel *Il Milione* präsentierten, der noch heute in Italien der geläufigste Titel für Marco Polos Buch ist.

Eine weitere Variante bietet die venezianische Tradition (VA), die jedoch lediglich in sechs Handschriften überliefert ist (vgl. ed. Benedetto, S. C–CIV). Die venezianische Fassung scheint sich verschiedener Handschriftenvarianten bedient zu haben, sie stellt gegenüber dem franko-italienischen Text teilweise eine andere Anordnung der Kapitel her und lässt die in Rustichellos Fassung häufigen Anreden der Leser durch den Erzähler ebenfalls weg, streicht Wiederholungen und Redundanzen (vgl. ed. Benedetto, S. C ff.). Erstaunlicherweise wird in keinem der venezianischen Manuskripte behauptet, der in Venedig lebende Autor habe einen besonders engen Bezug zu dieser Textgestaltung, obwohl ein Teil der Handschriften noch zu seinen Lebzeiten entstanden sein muss. Die venezianische Fassung ist insbesondere dadurch bedeutsam, dass aus ihr, teilweise in Vermischung mit anderen Versionen, eine Reihe von erneuten Übersetzungen hervorgegangen ist: eine lateinische, eine weitere toskanische, eine spanische sowie eine portugiesische und schließlich auch eine mittelhochdeutsche Übersetzung.

Die größte Wirkung und weiteste Verbreitung erzielte jedoch die ebenfalls auf einem venezianischen Text beruhende lateinische Übersetzung des Dominikaners Francesco Pipino da Bologna (P), die nach 1310 entstanden ist (vgl. ebd., S. CXXXIII–CLVII). Mit fünfzig Handschriften ist sie die am breitesten überlieferte Fassung, und sie ist überdies mehrfach übersetzt worden, unter anderem ins Französische, Irische, Böhmische, Venezianische und 1582 für Herzog Wilhelm von Bayern durch den Stadtschreiber von Straubing, Simon Schwartz, auch noch ins Frühneuhochdeutsche. In einem seiner anderen Werke, einer Chronik, berichtet Pipino, er habe von Marco Polo selbst den Text in «lombardischer Sprache» erhalten, um ihn im Auftrag des Generalkapitels seines Ordens ins Lateinische zu übersetzen (vgl. ed. Benedetto, S. CXXXVII). Schon dieser Hinweis macht deutlich, welche Bedeutung Marco Polos Bericht nach seinem Erscheinen beigemessen wurde. Übersetzungen volkssprachlicher Texte ins Lateinische waren selten, und der Übersetzungsauftrag durch die Ordensoberen verweist darauf, dass der Dominikanerorden, der immerhin mehrere Ordensmitglieder zur Mission nach Asien geschickt hatte, ein nicht unerhebliches Interesse daran hatte, sich den Bericht des venezianischen Kaufmannssohnes anzueignen und zu verbreiten. Den besonderen Nutzen des Berichts begründete Francesco Pipino denn auch damit, dass er nicht nur gläubigen wie ungläubigen Christen ein Beispiel der *opera dei* zu ihrer Erbauung und Ermahnung biete, sondern auch die Notwendigkeit der missionarischen Arbeit belege und die Kleriker zur Mission anspornen könne. In wörtlicher Anlehnung an den Missionsaufruf des Dominikanergenerals Humbert von Romans äußerte Pipino die Hoffnung, dass «vielleicht manche Mönche dazu bewegt würden, für die Verbreitung des christlichen Glaubens zu sorgen, damit der Name unseres Herrn Jesus Christus, der bei so vielen Völkern unbekannt ist, durch den Geist unseres Herrn zu jenen zahllosen ungläubigen Nationen gebracht würde; denn die Ernte ist groß, aber es gibt nur wenige Arbeiter» (ed. Benedetto, S. CLIV, Übers. MM).

Pipino stellte den Bericht damit in einen völlig anderen Lesezusammenhang, als es der Rustichello-Text getan hatte; von Rustichello da Pisa und der Entstehung in einem Genueser Gefängnis war bei ihm ohnehin überhaupt keine Rede mehr. Pipino machte aus dem *Divisament dou Monde* einen *Liber de consuetudinibus et conditionibus orientalium regionum*, den er in drei Bücher von etwa gleicher Länge unterteilte. Das erste Buch behandelt in den ersten zehn Kapiteln zunächst die beiden Reisen der Polos nach China und zurück, sodann die Länder West- und Zentralasiens und den Aufstieg der Mongolen. Das zweite Buch, das mit der Überschrift *De potentia et magnificentia Cublay regis maximi Tartarorum* betitelt ist, widmet sich ganz dem Großkhan, seiner Herrschaft und seinem Reich. Das dritte Buch beschreibt die Länder Indiens sowie die im Südwesten und Norden Asiens gelegenen Länder, die nicht zum Reich des Großkhans gehören. Neben dieser Systematisierung des Berichts finden sich noch eine Vielzahl anderer Texteingriffe, die zu der in der Forschung geläufigen Bezeichnung der Pipino-Fassung als «klerikal» beigetragen haben mögen: Alle Aussagen über andere Religionen sind mit abwertenden Zusätzen versehen, und der Name Mohammeds wird grundsätzlich von verächtlichmachenden Adjektiven wie *pessimus (übelst)*, *miserabilis (erbärmlich)* oder *abhominabilis* (verabscheuenswürdig) begleitet. Während es über das armenische Turkvolk in der franko-italienischen Fassung lediglich hieß, es folgte dem Gesetz Mohammeds, sprach die Pipino-Fassung von dem Gesetz des verabscheuungswürdigen Mohammed, «Machometi abhominabilis legem». Auch die Sitten und Gebräuche verschiedener Völker, die der F-Text lediglich konstatiert hatte, bezeichnete der Pipino-Text häufig als abscheulich oder frevelhaft und stellte sie in einen ursächlichen Zusammenhang mit dem Götzenglauben des jeweiligen Volkes. So hatte Marco Polo im F-Text ohne jede Wertung beschrieben, in Tibet gelte es als unfein, eine Jungfrau zu heiraten und deshalb sollten die jungen Tibeterinnen möglichst viele Sexualpartner gehabt haben, bevor sie heirateten. Deshalb böten die älteren Tibeterinnen den durchziehenden Reisenden die jungen Frauen an, um sich auf jede Weise mit ihnen zu vergnügen. Wenn die Reisenden dann weiterzögen, sei es üblich, der jungen Frau ein Schmuckstück oder sonst ein Andenken zu schenken, damit sie beweisen könne, mit wie vielen Männern sie schon Verkehr gehabt habe; je mehr solcher Zeichen eine Tibeterin habe, desto beliebter sei sie als Heiratskandidatin. Aus diesem Grund, so schloss der franko-italienische Text, sei es für junge Männer von sechzehn bis vierundzwanzig Jahren recht angenehm, diese Gegend zu besuchen (vgl. ed. Guignard, S. 183). Der Marco Polo des Pipino-Textes dagegen bezeichnete den Heiratsbrauch der Tibeter als «absurda et valde detestabilis» (absurd und sehr abscheulich) und fügte erläuternd hinzu, jener üble Brauch sei eine Folge des Götzenglaubens.

Neben der Pipino-Übersetzung gibt es noch eine weitere lateinische Übersetzung (Z), die nur in einer Handschrift und einer Abschrift aus dem späten 18. Jahrhundert überliefert ist, vermutlich aber noch vor der Pipino-Übersetzung entstand. Diese nach dem Namen ihres einstigen Besitzers als Zelada-Codex bezeichnete Übersetzung wurde erst relativ spät aufgefunden und hat in der Marco-Polo-Forschung heftige Diskussionen ausgelöst. Wie sich an der Übereinstimmung des Prologanfangs zeigt, hat sie einen Rustichello-Text als Vorlage. Die Zelada-Handschrift ist jedoch keine einfache Übersetzung, denn sie ist nicht nur in manchen Abschnitten, insbesondere im ersten Teil, stark gekürzt, sondern enthält eine Reihe von Absätzen und Kapiteln, die in keiner anderen Fassung enthalten sind.

Häufiger als andere Versionen fügt die Zelada-Version aber Marco Polo als Gewährsmann einzelner Beschreibungen in den Text ein. So beschreibt der Zelada-Text in Übereinstimmung mit dem franko-italienischen Text im Kapitel über Mosul die heilende Wirkung des dort gefundenen Mineralöls bei Hautkrankheiten und lobt die gute Bergluft der Region, durch die Kranke wieder gesund würden. Im Anschluss an diese Beschreibung fügt die Zelada-Version hinzu, Messer Marco habe dies selbst erlebt. Eine ähnliche Hinzufügung findet sich bei der Beschreibung des Thomas-Grabes im indischen Maabar. Wie im F-Text wird beschrieben, zahlreiche Pilger würden sich Erde von der Stelle, an der der Apostel Thomas getötet worden sei, mit nach Hause nehmen, um sie den Kranken in Wasser aufgelöst zu trinken zu geben, wovon sie sogleich geheilt würden. An diese Darstellung fügt der Z-Text an: «Messer Marco hat solche Erde nach Venedig mitgebracht und damit viele kuriert» (ed. Guignard, S. 326). Dagegen fehlen im Zelada-Text sowohl die Behauptung, Marco Polo habe drei Jahre lang die Stadt Yangzhou regiert, als auch die, sein Vater und sein Onkel hätten bei der Eroberung von Sianfu eine entscheidende Rolle gespielt.

Insgesamt lassen sich die inhaltlichen Hinzufügungen des Zelada-Textes weniger eindeutig einordnen als die des Pipino-Textes. Mit der Pipino-Version teilt die Zelada-Fassung zwar die negativen Attribuierungen der Mohammedaner, aber die verschiedenen heidnischen Glaubensrichtungen stellt er häufig genauer dar und schildert insbesondere ihre ethischen Tugenden mit bemerkenswerter Neutralität. Dies zeigt sich auch im dritten Teil des Berichts, der Beschreibung Indiens, bei dem der Interessenschwerpunkt des Zelada-Textes vorwiegend auf ethnographischen, naturkundlichen und medizinischen Aspekten liegt. Auffällig sind auch hier die häufigen Erläuterungen und Erklärungen für Dinge, die in der franko-italienischen Fassung unkommentiert beschrieben sind oder in der Pipino-Version scharf verurteilt werden. Stärker als die anderen Fassungen repräsentiert diese Version damit, nach den Worten John Critchleys, «a fondness for explaining human behavior in terms of rational motivation» (Marco Polo's Book, S. 166).

Dem Forschungsinteresse, das der Zelada-Text damit erweckt, steht freilich die Tatsache entgegen, dass er in der Überlieferung von Marco Polos Bericht keine wichtige Rolle gespielt hat. Lediglich in die 1559 entstandene Übersetzung des Berichts durch Giovanni Battista Ramusio [R], der weitgehend dem Pipino-Text folgt, sind auch Abschnitte aus der Zelada-Version eingegangen. Ramusio benutzte offenbar, ganz den humanistischen Bestrebungen folgend, mehrere Handschriften als Grundlage seiner Übersetzung und verglich sie miteinander, um auf diese Weise einen möglichst vollständigen Text herzustellen. Er habe, so erläuterte er in der ersten Ausgabe der *Navigazioni e Viaggi*, im Hause der Familie Ghisi eine lateinische Abschrift des Buches «di maravigliosa antichità» eingesehen, die möglicherweise die erste Kopie von Marco Polos eigenem Originalexemplar sei und sie mit seiner eigenen Vorlage [einer Pipino-Version] verglichen. Stellen, die sich bei Pipino und in einem venezianischen Text, den er ebenfalls benutzte, nicht fanden, ergänzte er deshalb durch die ihm zugängliche Zelada-Version. Freilich finden sich bei Ramusio auch Abschnitte, die weder in der Pipino- noch in der Zelada-Version vorhanden sind, so dass man entweder davon ausgehen muss, Ramusio habe eine vollständigere Fassung des Zelada-Textes zur Verfügung gestanden, oder aber, auch er habe weitere Hinzufügungen vorgenommen, ohne sie als solche auszuweisen. Das stünde einerseits zwar im

Widerspruch zu seinem Verfahren, durch den Vergleich von Handschriften dem Original möglichst nahe zu kommen, aber andererseits war es gerade Ramusio, der am entschiedensten an Marco Polos Legende strickte und die pathetische Darstellung seiner Heimkehr nach Venedig in Anlehnung an den Odysseus-Mythos prägte.

Auch hier lässt sich wieder keine eindeutige Entscheidung treffen, außer der, dass Marco Polos Buch auch noch mehr als zweihundertfünfzig Jahre nach seiner Entstehung von so großem Interesse war, dass es lohnend scheinen konnte, ihn in der bestmöglichen Form zu präsentieren, und die bestmögliche Form musste keineswegs die «ursprüngliche» sein, von der zu diesem Zeitpunkt ohnehin schon längst niemand mehr hätte sagen können, welche Fassung dies war. Wer immer sich für den Bericht interessierte und ihn abschreiben oder übersetzen ließ, hatte offensichtlich zumeist ein spezifisches Interesse daran, und diesem Interesse wurde der Text nicht erst durch seine Deutung untergeordnet, sondern schon durch seine Präsentation angepasst. So wurde Marco Polo zur Chimäre seines eigenen Textes, der ihn zugleich hervorbrachte und verschwinden ließ.

Die Einschätzung des Berichts und seine Rezeption

Il Milione oder die Glaubwürdigkeit Marco Polos

Dem an der Zahl der Handschriften und Übersetzungen deutlich ablesbaren Erfolg des Berichts steht die in der Forschung häufig geäußerte Überzeugung entgegen, Marco Polos Beschreibung des Fernen Ostens sei bei seinen Zeitgenossen auf große Skepsis gestoßen. Insbesondere der Titel *Il Milione*, den die toskanischen Übersetzungen dem Bericht gaben, wurde immer wieder als Beleg dafür angeführt, dass man Marco Polo für unglaubwürdig gehalten habe. Alle toskanischen Handschriften und späteren italienischen Drucke tragen diesen Titel – aber nur diese, während die lateinischen, französischen und anderen Übersetzungen mit wechselnden Titeln bezeichnet werden. *Il Milione* wird zumeist als eine Art Spottname gedeutet, mit dem man sich über den Erzähler unglaublicher Geschichten lustig gemacht habe, dessen Bericht über die enormen Reichtümer des Großkhans und seines Landes, die Größe seiner Städte, die Zahl ihrer Bewohner und ihr Steueraufkommen als eine Ansammlung maßloser Übertreibungen gelesen worden sei. Gegen die Behauptung, am Titel *Il Milione* lasse sich ablesen, dass Marco Polo von seinen Zeitgenossen für unglaubwürdig gehalten wurde, hat bereits Luigi Foscolo Benedetto eingewandt, die italienische Bezeichnung *milione* gehe auf das venezianische Sestiere *Emilione* zurück, aus dem Marco Polos Familie stammte. Die Bezeichnung *milione* sei folglich kein Spottname, sondern der übliche Beiname der Familie, mit dem die Polos aus dem Stadtviertel Emilione von anderen Polos unterschieden worden seien, was sich schon daran zeige, dass er in verschiedenen Urkunden früher als Beiname der Familie auftauche. Im Hinblick auf die Herkunft des Namens stimmt die Herausgeberin der kritischen toskanischen Textausgabe, Valeria Bertolucci Pizzorusso, der Argumentation Benedettos zu, sie geht jedoch davon aus, dass diese Bedeutung bei der Überlieferung des Textes verlorenging und der Name *Milione* als Zahlwort gelesen worden sei, das zunehmend zum Signum für die bei Marco Polo beschriebenen Reichtümer des Ostens wurde (vgl. ed. Bertolucci-Pizzorusso, S. XI). Ähnlich deutete schon Giovanni Battista Ramusio den Beinamen *Milione*, wobei er jedoch den Bezug zwischen dem Namen des Stadtviertels und den im Buch berichteten Reichtümern genau umgekehrt dargestellt hatte: «Und weil er [Marco Polo, MM] immer wieder von der Großartigkeit des Großkhans erzählte und sagte, seine Einnahmen beliefen sich jährlich auf zehn bis fünfzehn Millionen Goldstücke, und weil er auch von den übrigen Reichtümern jener Länder immer in Millionen sprach, gab man ihm den Namen *Messer Marco Milioni,* den ich auch in den öffentlichen Büchern dieser Republik, wo er erwähnt wird, gefunden habe. Und der Hof seines Hauses in San Giovanni Crisostomo wird seither und im Volksmund bis heute *del Milioni* genannt» (ed. Milanesi, Bd. 3, S. 30f., Übers. MM).

Ramusio bezog sich hier freilich weniger auf die Unglaubhaftigkeit der beschriebenen Reichtümer des Großkhans als auf die Zahlenbesessenheit, mit der Marco Polo diese Reichtümer verzeichnete. Dass die Beschreibung der Reichtümer des Ostens Marco Polo bei seinen zeitgenössischen Lesern als unglaubwürdig erscheinen ließ, geht aus dieser Äußerung dagegen nicht hervor – und es ist auch eher unwahrscheinlich: Die Existenz solcher Reichtümer im äußersten Osten war ganz unbestrittenes Allgemeinwissen, denn von hier kamen die Luxuswaren, wie Edelsteine, Gewürze und Seide, die in Europa teuer bezahlt wurden, und schon in der Bibel hatte der Osten mit den in der Nähe des irdischen Paradieses gelegenen Ländern als der Ursprungsort von Gold und Edelsteinen gegolten.

Sicher ist nur, dass der Titel *Il Milione* fortgesetzt zu neuen Deutungen einlud und bereits zu Anfang des 14. Jahrhunderts unterschiedlich ausgelegt wurde. Wenn Benedetto mit seiner dokumentarisch gut begründeten Auffassung recht hat, dass der Titel ursprünglich nichts anderes als ein Zusatz zum Familiennamen war, so ist doch sicherlich Valeria Bertolucci Pizzorusso darin zuzustimmen, dass der Name schon bald als ein Zahlwort gelesen wurde. Als Zahlwort konnte er sich im Zusammenhang mit der fernen Welt des Ostens mit einer Vielzahl von Deutungen anreichern, die sich nicht nur auf die unermesslichen Reichtümer Indiens und die Steuereinnahmen des Großkhans erstreckten. So bezog etwa Jacopo d'Acqui, der in seine *Imago Mundi seu Chronica* eine Reihe von Textstellen aus Marco Polos Bericht übernahm, das Zahlwort *milione* nicht auf die beschriebenen Reichtümer, sondern auf die Wunder der Fremde und bezeichnete das Buch als «liber milionis de mirabilibus mundi» (vgl. ed. Benedetto, S. CXCIV). Mit dem Titel *Il Milione* konnten sich offenbar all die unterschiedlichen Erwartungen und Interessen verbinden, die an den Bericht herangetragen und in ihn hineingelegt wurden. Diese Funktion hat der Titel letztlich bis heute beibehalten – strukturell unterscheidet sich die Forschung in dieser Hinsicht nicht von den zeitgenössischen Deutungen –, er erfüllt nunmehr freilich eine andere Funktion: In zahlreichen jüngeren Arbeiten wird die Bezeichnung *milione* als Schimpfname gedeutet, mit dem Marco Polos Zeitgenossen auf den Bericht reagiert hätten, der ihnen gerade deshalb unglaublich erschienen sei, weil er sich durch einen außergewöhnlichen Realismus ausgezeichnet habe. Aus dem vorgeblichen Spottnamen wird bei dieser Sichtweise retrospektiv ein Ehrentitel für den Autor, dessen einstige Verleugnung zum eindrücklichen Beleg dafür wird, wie weit er seiner Zeit voraus gewesen sei.

Eine eingehende Betrachtung jener Zeugnisse, die die Glaubwürdigkeit des Berichts explizit behandeln, legt jedoch einen anderen Schluss nahe. Selbst dort, wo man den merkwürdigen Gepflogenheiten anderer Länder mit Skepsis begegnete, unterstellte man dem Reisenden nicht unbedingt, dass er log. So findet sich in einer toskanischen Marco-Polo-Handschrift vom Ende des 14. Jahrhunderts eine Schlussbemerkung des Schreibers, in der dieser abwog, ob Marco Polo lüge oder nicht: «Hier endet das Buch von Messer Marco Polo aus Venedig, welches ich, Amelio Bonaguisi, Bürgermeister von Ciereto Guidi, mit eigener Hand abgeschrieben habe, um mir die Zeit und die Schwermut zu vertreiben. Und wenngleich mir einiges unglaublich zu sein scheint, glaube ich nicht, dass das, was er sagt, erlogen ist, sondern vielmehr wunderbar. Vielleicht ist das, wovon er erzählt, auch wahr, aber ich glaube es nicht; freilich finden sich auf der Welt von einem Land zum anderen ziemlich verschiedenartige Dinge» (ed. Bertolucci Pizzorusso, S. 333, Übers. MM). Letzten Endes konnte sich der schwermütige Bürgermeister nicht recht entscheiden, ob er alles das glauben sollte, was er soeben abgeschrieben hatte, oder nicht, aber das nicht deswegen, weil er Marco Polo für einen Lügner hielt, sondern weil ihm die merkwürdigen Sitten anderer Länder schier unglaublich zu sein schienen.

Vielleicht lag gerade darin das Faszinosum, das ein Bericht über die Fremde wie der Marco Polos ausübte: Was der Fernreisende von den fremden Ländern berichtete, konnte ja nicht überprüft werden, weil es zu fern lag, und es war so außergewöhnlich, dass es die Grundfesten der selbstverständlichen Überzeugungen wenn nicht zu erschüttern, so doch zu irritieren vermochte. Natürlich stellte man angesichts solcher Irritationen, die das Staunen über das Fremde auslösten, grundsätzlich auch in Rechnung, der Reisende könne lügen. Dass die Reisenden lügen würden, war ein alter Topos, der schon seit Herodot, der nicht nur als der «Vater der Geschichtsschreibung», sondern auch als der «Vater der Lüge» bezeichnet worden war, immer wieder verwendet worden ist. Demnach darf man sein Auftauchen nicht einfach als generellen Einwand gegen den jeweiligen Text deuten, auf den er appliziert wird. Vielmehr zeichnen sich Topoi dadurch aus, dass sie «in utramque partem» (für beide Seiten) eingesetzt werden können, also auch zur Beglaubigung dessen, was man scheinbar zu bezweifeln vorgibt. Jacopo d'Acqui etwa stellte seinen Auszügen aus Marco Polos Bericht eine Szene voran, in der er beschrieb, wie Marco Polo auf dem Totenbett von seinen Freunden umringt worden sei, die ihn angefleht hätten, die Übertreibungen seines Buches zu korrigieren. Er aber habe ihnen geantwortet, er habe nicht einmal die Hälfte dessen aufgeschrieben, was er gesehen habe. Und Jacopo d'Acqui schloss diese Darstellung mit den Worten: «Und weil er dies im Augenblick seines Todes sagte, kann dem, was er geschrieben hat, umso mehr Glauben geschenkt werden» (ed. Benedetto, S. CXCIV, übers. MM). Das Totenbett diente hier offenkundig nicht dazu, Marco Polos Glaubwürdigkeit in Zweifel zu ziehen, sondern sie zu bestätigen, um auf diese Weise die Ausnahmestellung seines Berichtes und die Exklusivität seines Wissens zu bekräftigen. Die angeblich um das Totenbett versammelten Freunde bildeten die Gruppe jener unbedarften Zweifler, die auftreten mussten, um der Beglaubigung größeres argumentatives Gewicht zu verleihen, als es die einfache Wahrhaftigkeitsbeteuerung vermocht hätte.

Auf die Unerfahrenheit der Leser im Hinblick auf die Wunder Asiens hatte auch Francesco Pipino im Prolog zu seiner Übersetzung hingewiesen und sie ermahnt, diese nicht zum Maßstab ihrer Beurteilung des Textes zu machen. «Der unerfahrene Leser darf die vielen unerhörten und uns ungewohnten Dinge, die in diesem Buch an vielen Stellen berichtet werden, aber nicht als unglaubhaft betrachten: denn der vorgenannte Herr Marcus, der diese wunderbaren Dinge berichtet, wird von allen, die ihn kennen, als kluger, zuverlässiger, frommer und ehrwürdiger Mann beschrieben. Und wegen seiner zahlreichen Tugenden kann sein Bericht als vertrauenswürdig betrachtet werden» (ed. Benedetto, S. CLIV, Übers. MM). Auch Pipino bemühte das Totenbett als Ort der Wahrhaftigkeit, nur ließ er nicht Marco Polo, sondern dessen Onkel den Text beglaubigen. Dieser habe in seiner letzten Stunde die Wahrheit des Buches und seines gesamten Inhalts in allen Punkten bestätigt. Und deshalb, so schloss Pipino seine Darstellung, habe er die Mühe der Übersetzung auf sich genommen, zum Trost der Leser und zum Lobe des Schöpfers aller sichtbaren und unsichtbaren Dinge (vgl. ed. Benedetto, S. CLIV).

Zweifellos galt Fernostasien, trotz der Orienterfahrungen von nicht wenigen Fernhandelskaufleuten, Gesandten und Missionaren, immer noch als die Region des Außerordentlichen, Unglaublichen und Unerhörten. Deshalb hing viel von der Glaubwürdigkeit des Berichterstatters ab, und das galt für Marco Polo in anderer Weise als für die früheren päpstlichen Gesandten: Anders als sie nämlich konnte er nicht auf den Papst und dessen Berichtsauftrag verweisen, um die Abfassung des Textes zu begründen. Sein Bericht konnte so sicherlich eher in den Verdacht geraten, das Dokument eines Wichtigtuers zu sein, weil kein anderer als er selbst ihn veranlasst hatte, seine Erfahrungen aufzuschreiben. Um solchen Verdächtigungen vorzubeugen, hatte schon Rustichello in seinem Prolog den alten Topos, Wissen verpflichte zur Mitteilung, bemüht und betont, Marco Polo hätte es für unverzeihlich gehalten, wenn er sein außerordentliches Wissen nicht schriftlich festgehalten hätte, damit alle Unkundigen daran teilhaben könnten (vgl. ed. Guignard, S. 8). Argumentativ war dieser Topos anscheinend sehr wirkmächtig, denn in späteren Fassungen des Berichts verwandelte er Marco Polo schließlich in einen Forschungsreisenden, der sich nicht nur verpflichtet fühlte, alles mitzuteilen, was er gesehen hatte, sondern der die Reise überhaupt nur auf sich genommen hatte, um von den Ländern Asiens berichten zu können. So hieß es in einer französischen Rückübersetzung der lateinischen Pipino-Fassung, die vermutlich gegen Ende des 15. Jahrhunderts entstand: «Der sehr ehrenwerte, kluge und verständige Herr Marc Paoul, geboren in Venedig, durchreiste und umfuhr den östlichen Teil der Welt aus vernunftgemäßen Gründen in Begleitung seines Vaters, Herrn Nicole Paoul, und seines Onkels Mathieu, Männern von großer Ehrwürdigkeit und gottgefälliger Lebensführung, weil er neugierig die merkwürdigen Gewohnheiten und die unterschiedlichen Sitten und Gebräuche der verschiedenen Regionen und Teile des Ostens erkunden wollte, damit er sie in diesem gegenwärtigen Buch aufschreiben lassen und beschreiben könne» (ed. Benedetto, S. CXLV, Übers. MM).

Generelle Zweifel an Marco Polos Glaubwürdigkeit lassen sich daraus also schwerlich konstruieren, vielmehr gehörte das Spiel mit dem Zweifel und die Anpassung der Autorenpräsentation an die jeweiligen Publikumserwartungen zu jenen Elementen, mit denen man die Außergewöhnlichkeit des Berichtes hervorhob. Dabei verschoben sich zweifellos die Topoi: Während für das 14. Jahrhundert in erster Linie der Topos, Wissen verpflichte zur Mitteilung, dazu diente, die Außerordentlichkeit des Berichts hervorzuheben, trat für das 15. Jahrhundert das Argument, wer neugierig forsche, könne wahr berichten, an diese Stelle. Und das 20. Jahrhundert ergänzte diese topischen Präsentationselemente um die weitere Variante, dass der, der von seinen – zumal mittelalterlichen – Zeitgenossen verleumdet werde, besonders realistisch und deshalb besonders glaubhaft sei. Auch hierin wird deutlich, dass die je angeführten Zweifel in erster Linie dazu dienten, die Ausnahmestellung des Berichts hervorzuheben. Wo die ältere wie jüngere Forschung Marco Polos Verspottung und Verleumdung hervorgehoben hat, hat sie sich daher letztlich an nichts anderem als einem topischen Spiel beteiligt, das so alt ist wie der Bericht selbst und stets dazu diente, Marco Polos Ruhm zu mehren und seine Legende fortzuerzählen.

Marco Polo und die Neue Welt

Von den mittelalterlichen Fernostasienberichten gelang es nur sehr wenigen, die Grenze zwischen Mittelalter und Neuzeit zu überspringen, die durch das Zeitalter der Entdeckungen markiert wird. Die meisten Berichte gerieten ganz in Vergessenheit oder wurden kaum noch gedruckt, Marco Polo hingegen erfreute sich auch nach der Entdeckung der «westindischen» Inseln durch Christoph Columbus eines ungebrochenen Interesses. Selbst als man längst erkannt hatte, dass Columbus nicht in Indien angekommen war, sondern einen bis dahin unbekannten Kontinent im Westen entdeckt hatte, ließ das Interesse an Marco Polos Bericht nicht nach. Ganz in Gegenteil, er wurde im 16. Jahrhundert wiederholt sogar in Sammlungen von Berichten aufgenommen, die sich mit der Neuen Welt befassten. So veröffentlichte Symon Grynaeus 1532 in Basel einen Sammelband mit dem Titel *Novus orbis regionum ac insularum veteris incognitarum*, in den er auch eine Pipino-Übersetzung von Marco Polos Bericht aufnahm.

Diesen Sprung über die Zeitenwende verdankte Marco Polo nicht zuletzt Christoph Columbus und seiner Lektüre des Werkes, so wie umgekehrt sich Columbus' waghalsiges Unternehmen nicht zuletzt seiner Lektüre von Marco Polos Bericht verdankte. Schon in der zweiten Hälfte des 16. Jahrhunderts schrieb der portugiesische Geschichtsschreiber João de Barros, Columbus sei von Marco Polo, der vom Königreich Catai und auch der großen Insel Cipango erzählt habe, dazu angeregt worden, den Ozean zu überqueren, um diese Insel Cipango und andere *terras incognitas* zu finden. Die zu diesem Zeitpunkt noch ziemlich allein stehende Behauptung bestätigte sich, als in der zweiten Hälfte des 19. Jahrhunderts Columbus' eigenes Exemplar von Marco Polos Bericht aufgefunden wurde, das heute im Columbus-Archiv in Sevilla aufbewahrt wird. Columbus besaß den 1485 erschienenen Frühdruck des Berichts in der lateinischen Übersetzung Francesco Pipinos, und er las ihn offensichtlich mehrmals und mit größter Aufmerksamkeit, denn er machte sich am Rand zahlreiche Notizen, die paläographischen

Untersuchungen zufolge nicht in einem Zug, sondern über längere Zeiträume verteilt entstanden sind. Was ihn an Marco Polos Buch besonders interessierte, lässt sich diesen Marginalnotizen ziemlich eindeutig entnehmen. Sie lesen sich weitgehend wie eine Liste von Reichtümern: Seide, Gewürze, vor allem aber das Vorkommen von Gold, Perlen und Edelsteinen vermerkte Columbus am Rand seines Exemplars, und diese Einträge häuften sich insbesondere im dritten Teil des Berichts bei der Beschreibung der indischen Inseln.

Das war für sich genommen so ungewöhnlich nicht: Auch früher waren Marco Polos Beschreibungen der überwältigenden Reichtümer Indiens neben dem Reich des Großkhans auf großes Interesse gestoßen, und schon der Zelada-Text hatte die Beschreibung Indiens gegenüber der franko-italienischen Fassung stark ausgedehnt. Mit Columbus bekam die Lektüre der indischen Reichtümer allerdings eine andere Qualität: Wo frühere Leser mit ungläubigem Staunen den Bericht von den unerhörten Reichtümern Asiens vernommen und allenfalls von Handelsgewinnen geträumt hatten, träumte Columbus vom Gewinn der Länder, aus denen die Reichtümer stammten. Dabei interessierte ihn vor allem die Insel Cipangu/Cipango, die nur von Marco Polo beschrieben worden war.

Cipangu war nach Marco Polos Beschreibung eine der siebentausend indischen Inseln, die vor der asiatischen Küste und dem Reich des Großkhans lagen. «Jetzt gehen wir zur Beschreibung der Teile Indiens über, und wir beginnen mit der Insel Cipangu (Cympagu), (...) die von der Küste von Mangy [Südchina] etwa eintausendvierhundert Meilen entfernt liegt und sehr weitläufig ist. Ihre Bewohner sind von schönem Äußeren; sie sind Heiden und haben einen eigenen König, und sind niemandem tributpflichtig. Hier gibt es Gold in großer Menge, aber der König erlaubt nicht, dass es von der Insel ausgeführt wird (...). Der König der Insel hat einen großen Palast, der ganz mit reinem Gold gedeckt ist, so wie bei uns die Kirchen mit Blei gedeckt werden. Die Fenster des Palastes sind ganz mit Gold verkleidet. Die Fußböden der Säle und der zahlreichen Räume sind mit Goldplatten belegt, und diese Goldplatten sind mehr als zwei Finger dick. Es gibt hier auch Perlen in riesiger Menge: sie sind rund und groß, und jene von rubinroter Farbe gelten als wertvoller und werden mehr geschätzt als die weißen. Es gibt hier auch viele Edelsteine, und deswegen ist die Insel Cipangu wahrhaft unermeßlich reich» (ed. Giovannini, S. 237, Übers. MM). Selbst unter den Beschreibungen der unermesslichen gewaltigen Reichtümer Chinas, Indiens und der indischen Inseln, von denen Marco Polo an zahllosen Stellen seines Berichtes sprach, ragte Cipangu mit seinen goldgedeckten Dächern heraus, deshalb war Columbus von dieser Schilderung offensichtlich besonders beeindruckt. Bei dem Abschnitt über Cipangu hatte er am Rand notiert: «Aurum in copia maxima» («Gold in großer Menge») und «Margerite rubee» («rubinrote Perlen») (ed. Giovannini, S. 273).

Da Columbus Indien auf einer Westroute erreichen wollte, konnte er davon ausgehen, dass er als erstes auf die östlich von China liegenden indischen Inseln stoßen würde, die aus seiner Sicht am weitesten westlich lagen. Außerdem, und das war nicht minder wichtig, gehörten sie nicht zum Reich des mächtigen Großkhans, sondern waren unabhängig, zum Teil, wie Marco Polo erklärt hatte, auch unbewohnt und konnten demnach von demjenigen, dem es gelang, sie per Schiff zu erreichen, leicht in Besitz genommen werden. Von den indischen Inseln aber, wenn sie erst einmal als erreichbar gedacht wurden, war Cipangu zweifellos die attraktivste.

Cipangu war denn auch die Insel, der Columbus seine höchste Aufmerksamkeit widmete, nachdem er die erste «indische» Insel entdeckt hatte. Als er am Freitag, dem 12. Oktober 1492, mit seinen drei Schiffen nach mehr als zweimonatiger Fahrt auf der ersten «indischen» Insel gelandet war, erklärte er sie in einem formalen protokollarischen Akt zum Besitz der spanischen Könige und taufte sie auf den Namen des Erlösers, *San Salvador*. Schon einen Tag später aber, ohne seine Entdeckung noch genauer zu erkunden und kaum, dass er auf die ersten «Indianer» getroffen war und ihre goldenen Nasenringe bemerkt hatte, drängte es ihn bereits zur Weiterfahrt. In seinem *Bordbuch* notierte er: «Sowohl die Baumwolle als das Gold, das die

Indianer in der Nase tragen, finden sich auf der Insel vor, allein ich möchte nicht Zeit daran verwenden, es zu sammeln, um meine Aussagen bezeugen zu können, weil ich nicht unnütze Zeit verlieren und versuchen will, ob es mir gelingt, die Insel Cipango zu finden» (Columbus, Bd. 1, S. 109).

Auf den ersten Blick hatte Columbus erkannt, dass die Inselbewohner zwar Gold trugen, ansonsten aber eher arm zu sein schienen, woraus er schlussfolgerte, es gebe zwar Gold, aber nicht in der Menge, die ihm vorschwebte. Der Zeichensprache der «Indianer» meinte Columbus entnommen zu haben, dass sich in südwestlicher Richtung eine Insel befinde, auf der es sehr viel Gold gebe, und das gab seiner Überzeugung Nahrung, bei dieser Insel könne es sich um Marco Polos Cipangu handeln. Columbus' anschließende Fahrt durch die karibische Inselwelt, bei der er eine Insel nach der anderen für die spanischen Könige in Besitz nahm, war die Suche nach dieser einen Insel. Immer wieder taucht in seinem *Bordbuch* der Name *Cipango* auf, und bei jeder neuen Insel hoffte er, endlich Cipangu gefunden zu haben. Dass diese Suche nicht sogleich von Erfolg gekrönt war, schien ihn zunächst nicht zu entmutigen; immerhin hatte Marco Polo von siebentausend indischen Inseln gesprochen, von denen aber nur eine von so unermesslichem Reichtum war, daher mochte eine gewisse Geduld bei der Suche nicht nutzlos erscheinen. Zweifellos wäre Japan/Cipangu, selbst wenn Columbus dort angekommen wäre, wo er sich wähnte, und schließlich die richtige Insel gefunden hätte, eine Enttäuschung für ihn gewesen. Japan gehörte nämlich zu jenen Gebieten und Inseln, die Marco Polo, wie er in der franko-italienischen, nicht jedoch der Columbus vorliegenden lateinischen Fassung mitteilte, nicht besucht, sondern von denen er nur gehört hatte. Dementsprechend kolportierte er über Japan relativ ungebrochen mongolische Vorstellungen, denen Japan als ein Land von unglaublichem Goldreichtum galt. Zweimal, 1274 und 1281, hatten die Mongolen unter Khubilais Herrschaft versucht, Japan zu erobern, und auch davon hatte Marco Polo, freilich zu einem einzigen Eroberungsversuch zusammengezogen, berichtet. Der Eroberungsversuch scheiterte nach seinen Aussagen, weil ein großer Teil der mongolischen Schiffe zuvor in einem Sturm vernichtet worden war (vgl. ed. Guignard, S. 280ff.).

Columbus allerdings ging es nicht um Eroberung, wozu er mit drei Schiffen und einer Besatzung, der nur wenige Soldaten angehörten, auch kaum in der Lage gewesen wäre. Sein Ziel war die Entdeckung und Inbesitznahme mittels eines Rechtsaktes, nicht die Eroberung mittels militärischer Gewalt. Rechtlich war die Inbesitznahme von Inseln sowohl durch die angebliche Konstantinische Schenkung gedeckt, die dem Papst die Oberhoheit über alle Inseln der Welt zusprach, als auch durch juristische Schriften des 14. Jahrhunderts, wie den *Tractatus de Insulis* des Bologneser Juristen Bartolus da Sassoferrato, der erklärt hatte, Inseln, die weiter als einhundert Meilen vom Festland entfernt lägen, gehörten nicht mehr zum Herrschaftsgebiet des jeweiligen Festlandsherrschers und könnten wie *terra nullius*, herrenloses Land, okkupiert werden, wenn sie von Heiden bewohnt seien und der Okkupation kein wesentlicher Widerstand entgegengesetzt werde. Insofern war Marco Polos Beschreibung von Cipangu nicht nur deshalb von Interesse, weil sie von goldenen Dächern und Fußböden berichtete, sondern auch aufgrund der einleitenden Bemerkung, die Insel liege eintausendvierhundert Seemeilen vom Festland entfernt, ihre Bewohner seien Heiden und keinem anderen Herrscher tributpflichtig. Die Vorstellung freilich, dass es möglich sei, Inseln wie Cipangu einfach in Besitz zu nehmen, ohne auf nennenswerten Widerstand zu stoßen, von der Columbus offensichtlich ausging, konnte sich kaum auf Marco Polos Bericht stützen. Vielmehr gründete sie offenbar in der Überzeugung, man sei den Bewohnern der indischen Inseln zivilisatorisch-technisch so weit überlegen, dass diese weder die Möglichkeit hatten, die Rituale der Inbesitznahme zu durchschauen und ihnen zu widersprechen, noch sich gegen die Okkupanten zur Wehr zu setzen. Hier wieder Marco Polo folgend, nahm Columbus eine derartige Überlegenheit offenbar aber nur für die Inseln, nicht jedoch für das chinesische Festland und das Reich des Großkhans oder seiner Nachfolger an. Für solche Herrscher führte er in dreifacher Ausfertigung einen ehrerbietigen diplomatischen

Brief des spanischen Königspaares mit, in dem diese darum baten, ihrem Admiral und seinen Schiffen freies Geleit zu gewähren und die Waren, die er auf den Schiffen mit sich führe, nicht anzutasten. Die Erfahrung, dass man Inseln sehr leicht in Besitz nehmen und ihre Bewohner mit einfachsten Mitteln beherrschen konnte, hatten die Europäer erstmals bei der Eroberung der kanarischen Inseln und der Azoren gemacht. Es war also sicherlich nicht die Beschreibung der Reichtümer allein, die Columbus den Gedanken nahebrachte, auf dem Westweg die indischen Inseln zu suchen. Erst als Marco Polos überschwengliche Beschreibung der Reichtümer Indiens durch die Erfahrung der waffentechnischen Überlegenheit der Europäer im Kontakt mit einer indigenen Inselbevölkerung in ein neues Licht gerückt wurde, hörte man auf, sie allein mit Staunen und Bewunderung zu betrachten.

Für die eingeborene Bevölkerung der karibischen Inseln freilich war Marco Polos Bericht von den unermesslichen Reichtümern der indischen Inseln ein Verhängnis, denn gemeinsam mit Columbus' falschen Berechnungen des Erdumfangs, die Indien auf einer Westroute in erreichbare Nähe rückten, erweckten sie den so viel gerühmten Wagemut des Entdeckers und vermutlich auch die sich dann gegen die «Indianer» kehrende Enttäuschung, als diese Reichtümer nicht annähernd aufzufinden waren. Bedurfte Columbus für die Inbesitznahme der indischen Inseln des *guten* «Wilden», so sollte er bald den *bösen* «Wilden» entdecken, und auch hier stand Marco Polo in einer Art paradoxem Missverständnis Pate. Bei seiner Fahrt durch die karibische Inselwelt und den mühsamen Verständigungsversuchen mit den von ihm wiederholt als feige und ungeübt im Umgang mit Waffen beschriebenen Inselbewohnern meinte Columbus feststellen zu können, diese fürchteten sich vor einem gewissen kriegerischen Volk, das wiederholt Überfälle auf ihre Inseln mache und Menschen verschleppe. Die Bewohner der von ihm entdeckten Inseln, so notierte er am 26. November in seinem *Bordbuch*, seien der Überzeugung, dass dieses Volk mit Namen *caniba* die Verschleppten töte und auffresse, er selbst könne dies aber nicht glauben. «Ich aber war der Meinung, daß die Indianer die Unwahrheit sprachen, und hegte den Verdacht, daß die gefürchteten Menschenfresser nichts anderes als Untertanen des Großen Khan waren, die sie in Gefangenschaft schleppten» (Bordbuch, S. 162). Und in einem Eintrag vom 11. Dezember bekräftigte er diese Auffassung noch einmal: «Da die Eingeborenen aller dieser Inseln in steter Angst und Schrecken vor den Einwohnern von Caniba leben, muß man annehmen, daß sie von listigen Verfolgern bedrängt sind. Deshalb wiederhole ich noch einmal, daß Caniba nichts anderes sein kann als jener Volksstamm des Großen Khan, dessen Herrschaftsbereich fast bis hierher reichen muß. Er muß Schiffe haben, die bis hierher gelangen, um diese Inselbewohner einzufangen. Da die Gefangenen nicht mehr zurückkommen, so bildete sich der Glaube, daß sie aufgefressen worden seien» (Bordbuch, S. 184). Columbus identifizierte also aufgrund der phonetischen Ähnlichkeit von *Cariba* mit *Caniba* die «listigen Verfolger» der feigen Inselbewohner mit den von Marco Polo beschriebenen Leuten des Großen Khans, die zwar Eroberungszüge unternahmen, aber keineswegs Menschenfresser waren. Diese Auffassung sollte sich freilich ändern, als die gesuchten Reichtümer an Gold und Edelsteinen in immer weitere Ferne rückten. In seinem Eintrag vom 2. Januar sprach er erstmals nicht mehr von *Canibi*, sondern von *Caribi*, und am 13. Januar, nachdem ein Teil seiner Mannschaft in ein kleines Gefecht mit Inselbewohnern geraten war, die sich gegen die Eindringlinge zur Wehr setzten, erklärte er in Umkehrung seiner vorherigen Deutung von den Bewohnern von Carib: «Ohne Zweifel führten diese Indianer Böses im Schilde, gehörten sie doch zum Stamme Caribs, die Menschenfresser waren» (S. 244). Den abrupten Wechsel vom identifikatorischen Buchstaben *n* zum neutralen Buchstaben *r* vollzogen Columbus' Leser freilich nicht nach; der Name *Can[n]ibali* wurde seither zur Bezeichnung für alle angeblichen Menschenfresser, die in Antike und Mittelalter stets *Anthropophagi* (wörtlich: Menschenfresser) geheißen hatten und niemals mit einem bestimmten Volk identifiziert wurden. Geboren aus Columbus' Lektüre Marco Polos verwandelten sich die Untertanen des Großkhans in die Menschenfresser der Neuzeit, die nichts mehr mit diesen gemein hatten, außer dass sie ihnen aufgrund einer anfänglich falschen Identifikation ihren Namen liehen. Das geschah freilich mit solchem Erfolg, dass die Herkunft des Wortes weitgehend in Vergessenheit geraten ist und selbst in etymologischen Wörterbüchern selten auf seinen Ursprung bei Marco Polo zurückgeführt wird.

Mit Hilfe von Marco Polo begründeten aber auch diejenigen ihre Zweifel, die der zutreffenden Ansicht waren, Columbus sei keineswegs auf den indischen Inseln gelandet. 1503 veröffentlichte der spanische Theologe und Mitbegründer der Universität von Sevilla, Rodrigo de Santaella, Marco Polos Bericht in einer spanischen Übersetzung und stellte ihm eine kurze Einführung in die Kosmographie voran, in der er entschiedene Zweifel daran anmeldete, dass es sich bei den von Columbus aufgefundenen Inseln um jene indischen Inseln handele, die bei Marco Polo beschrieben seien. Columbus, so erklärte Santaella, habe weder das bei Marco Polo beschriebene Cipangu noch das biblische Goldland Ophir gefunden, sondern vielmehr Inseln, die diesen so entgegengesetzt seien, wie der Antichrist Christus entgegengesetzt sei und der Norden dem Süden. Auf der Spaniola benannten Insel, so hob er hervor, gebe es weder Silber noch Edelsteine, geschweige denn das Gold, das in Asien, wie das nachfolgende Werk Marco Polos zeige, an zahlreichen Orten gefunden werde. Wer etwas über Asien erfahren wolle, dürfe daher nicht Columbus folgen, sondern müsse nach wie vor Marco Polo lesen.

Das Blickfeld des Augenzeugen oder: Wer war Marco Polo?

Ob Christoph Columbus oder Rodrigo da Santaella – auch mehr als zweihundert Jahre nach der Entstehung des Berichts interessierte man sich mehr für Marco Polos Beschreibung als für ihn selbst. Das sollte sich jedoch ändern, seit Giovanni Battista Ramusio aus ihm einen Helden der *Serenissima* und andere, in erwachendem Nationalstolz, einen Helden Italiens gemacht haben. Von da an galt das Interesse immer weniger Marco Polos Bericht, der seit dem 16. Jahrhundert durch die Berichte neuzeitlicher Reisender ergänzt und überholt worden war, und statt dessen immer mehr seiner Person. Auch unter dieser veränderten Perspektive wuchs sein Ruhm: Alexander von Humboldt bezeichnete ihn als den «größten Reisenden aller Zeiten», und Sir Henry Yule, der bedeutendste englische Geograph des 19. Jahrhunderts, äußerte über ihn, sein Stern überstrahle alle anderen Reisenden des Mittelalters.

Die jüngere Forschung schließlich hat das Interesse an Person und Bericht zu verknüpfen versucht und zu der Frage verschoben, aus welcher Perspektive Marco Polo die Welt betrachtet habe. Der Bericht dient unter dieser Fragestellung dazu, Marco Polos Weltsicht zu offenbaren und so die Einschätzung seines Autors zu bestätigen. Dabei stehen sich im Prinzip zwei Fraktionen gegenüber: Die einen betrachten Marco Polo als *das* Beispiel des «merchant adventurer», der die Enge der mittelalterlichen Gesellschaft überwunden und die Welt aus dem Blickwinkel des Kaufmanns betrachtet habe, während die anderen in ihm einen kulturellen Überläufer sehen, der Asien aus der Sichtweise eines mongolischen Hofmanns beschrieben habe.

Am nachdrücklichsten ist die These von «Marco Polo mercante» in der jüngeren Forschung von Franco Borlandi, Antonio Carile und Michel Mollat vertreten worden. Während Franco Borlandi und Antonio Carile in Marco Polos Bericht die Überreste eines «manuale di mercatura» erkennen wollen, das durch Rustichello da Pisa lediglich in eine literarisch ansprechende Form gebracht wurde, hebt Michel Mollat insbesondere die «Realistik» und «Toleranz» der Beschreibung des «Anderen» und das Selbstbewusstsein des Autors hervor, das nach ihrer Überzeugung die Mentalität einer in den italienischen Städten aufstrebenden bürgerlichen Kaufmannschaft repräsentiert. Für Carile ist Marco Polos Buch das «Paradigma der merkantilen Weltanschauung» des späten 13. Jahrhunderts, das die berühmten Werke toskanischer Kaufleute aus dem 14. und 15. Jahrhundert vorwegnehme. Im Anschluss an Franco Borlandi stützt er sich dabei insbesondere auf jene 109 Kapitel des Berichts, in denen Städte, Provinzen und Länder beschrieben werden. In ihnen, so Borlandi und Carile, zeigen sich die charakteristischen Strukturen von Kaufmannshandbüchern, wie sie zum Ende des 13. Jahrhunderts von toskanischen und venezianischen Kaufleuten überliefert, möglicherweise aber schon früher, in Gebrauch gewesen sind. Zwar sei, so Antonio Carile, die rein kaufmännisch-deskriptiv geprägte Struktur von einer narrativen Struktur überlagert worden, die Marco Polo möglicherweise in seiner Funktion als Berichterstatter des Großkhans erlernt habe. Letztlich überwiege aber das merkantile Interesse, was sich auch an Marco Polos Umgang mit Zahlen zeige, der alles und jedes in Zahlen ausgedrückt habe. Dieser Hang zur Quantifizierung von Phänomenen könne in anderen historiographisch-narrativen Darstellungen schwerlich vor der Mitte des 15. Jahrhunderts aufgefunden werden.

Die These von «Marco Polo mercante» hat freilich das Problem, erklären zu müssen, warum Marco Polo sich selbst nicht als Kaufmann bezeichnet und vieles berichtet hat, was mit der behaupteten merkantilen und rationalen Perspektive eines Fernhandelskaufmanns nicht in Einklang zu bringen ist. Unverkennbar nämlich ging Marco Polo weit über das sich auf Waren, Preise und Handelsrouten ohne jegliche narrative Gestaltung beschränkende Wissen der Kaufleute hinaus und beschrieb den Aufstieg der Tartaren, ihre Kriege und Schlachten, die gute Herrschaft des Großkhans, die Pracht seiner Städte und seines Reiches, die merkwürdigen Gepflogenheiten seiner Bewohner und andere *mirabilia,* als deren Augenzeuge er sich vorstellte. Von Kaufleuten dagegen sprach er, außer in Formulierungen wie «viele Schiffe kommen nach Java und die Händler kaufen und verkaufen riesige Warenmengen mit hohem Gewinn» (ed. Guignard, S. 289), nur wenig; weder behauptete er, selbst Handel getrieben zu haben, noch gab er an, andere europäische Kaufleute zu kennen, die zu seiner Zeit mit den Mongolen Handel trieben. Zwar zählte er in seinem Bericht bei der Beschreibung von Städten häufig die dort gehandelten Waren auf und nannte ihre Preise, teilweise auch deren Umrechnungskurse in europäische Währungen und die Höhe der Zollraten, aber vergleichbare Angaben finden sich auch bei dem franziskanischen Missionar Odorico da Pordenone, ohne dass man diesem deshalb die Weltsicht eines Kaufmanns unterstellt (vgl. Reichert,

Begegnungen mit China, S. 114). Vergleicht man Marco Polos Bericht mit dem einzigen erhaltenen Exemplar eines Kaufmannshandbuches, das unter anderem die Route nach Cathay beschreibt, der *Pratica della Mercatura* des Florentiners Francesco Balducci Pegolotti, so treten die Differenzen deutlich hervor, die zwischen den beiden bestehen. Pegolotti, einer der leitenden Bevollmächtigten des mächtigen Florentiner Bank- und Handelshauses der Bardi, einem der größten Bank- und Handelshäuser Europas, verfasste sein Handbuch zwischen 1310 und 1340. Es gibt einen umfassenden Überblick über den italienischen Handel und verzeichnet die Fernhandelsrouten, Waren, Preise, Zölle sowie Umrechnungskurse von Maßen, Gewichten und Währungen. Die Route von Tana nach China, die auch die Gebrüder Polo bei ihrer ersten Reise einschlugen, steht an erster Stelle des Buches und ist in die einzelnen Wegstrecken zwischen den Handelsplätzen unterteilt. Beschrieben wird von diesen Wegstrecken jedoch nicht das Geringste, sondern es wird lediglich auf zwei Seiten aufgelistet, wie lange jeweils für ihre Zurücklegung benötigt wird und welche Transportmittel am geeignetsten sind.

Ergänzt wurde die Aufzählung von Orten, Transportmitteln und Waren in einem weiteren kurzen Abschnitt nur durch die Erwähnung von Besonderheiten, wie dem Papiergeld oder dem Problem der Wegesicherheit, und durch Verhaltensmaßregeln für den reisenden Kaufmann. Damit unterschieden sich Pegolottis Notizen nicht nur dem Umfang nach, sondern auch strukturell von Marco Polos Beschreibung, dessen Bericht als Reiseführer für fahrende Kaufleute kaum brauchbar war. Als Informant für den Fernhandel taugte Marco Polo, wenn überhaupt, dann nur insofern, als er eine genauere Vorstellung von den Verhältnissen im Reich des Großkhans zu vermittelten mochte und damit in einem allgemeinen Sinn zur Vorbereitung von Handelsreisen nützlich sein konnte. Ob sich freilich zu seiner Zeit Kaufleute durch die Lektüre von Berichten auf ihre Handelsreisen vorbereiteten, ist eher zweifelhaft – wahrscheinlicher ist, dass Fernhandelskaufleute sich, ähnlich wie einst Niccolò und Maffeo Polo, Schritt für Schritt in unbekanntes Gebiet vortasteten und unterwegs lernten. Ob Marco Polo zumindest die Phantasie von Fernhändlern über die in Fernostasien erzielbaren Gewinne zu beflügeln vermochte, ist ebenfalls zweifelhaft, denn als sein Bericht erschien, war er kein Pionier mehr, sondern die Handelsstraßen Asiens waren voll von Europäern, die längst wussten, wie hoch die erzielbaren Gewinne waren – und sich hüteten, irgend etwas davon mitzuteilen. Wenn Marco Polo für Fernhändler nützlich war, dann eignete er sich sicherlich am ehesten dazu, die Nachfrage nach den exotischen Waren Asiens zu steigern, indem er die Orte beschrieb, aus denen sie kamen, an denen sie wuchsen, hergestellt oder gefunden wurden. Insofern war sein Buch vielleicht eher eine Lektüre für die potentiellen Kunden der Fernhändler als für diese selbst.

Schwerer als das Fehlen genuin kaufmännischer Informationen wiegen jedoch jene Teile, die sich nicht mit der unterstellten kaufmännisch-rationalen Perspektive in Einklang bringen lassen, wie etwa die, in denen Marco Polo den goldglänzenden Hof des Großkhans, den Niedergang des Priesterkönigs Johannes, den Sonnen- und Mondbaum, den Vogel Roch und andere *mirabilia* beschrieb. Wer Marco Polo als Kaufmann sehen wollte, musste jene Teile des Berichts, die nicht in das Schema vom realistischen und zweckrationalen Kaufmann passten, in ihrer Bedeutsamkeit abwerten, um vertreten zu können, dass sein Bericht, wenn er sich auch nicht offen als der eines Kaufmanns zu erkennen gab, doch die Weltsicht eines Kaufmanns repräsentiere. Zumeist argumentierte man dann mit dem Einfluss Rustichellos da Pisa, dem man all jene Teile des Berichts zurechnete, die nicht mit der unterstellten realistisch-merkantilen Weltsicht übereinstimmten. Aber selbst wenn man annimmt, dass Rustichello den nüchternen Bericht Marco Polos literarisierte, so erhebt sich doch die Frage, wie die beiden – neben dem Zufall, zur gleichen Zeit Kriegsgefangene in einem Genueser Gefängnis gewesen zu sein – haben zusammenkommen können. Denn wie, wenn man dem Kaufmann pures merkantiles Interesse und eine «rationale» Weltsicht unterstellt, sollte er sich mit einem höfischen Dichter verständigt haben, dessen Kopf voller Fabeln und bunter Geschichten war? Wenn man unterstellt, Rustichello habe Marcos ursprünglichen Text verändert und in eine literarische Tradition integriert, so müsste man doch davon ausgehen, dass Marco Polo dies zugelassen habe, und selbst wenn man annimmt, er selbst habe an anderen Fassungen als dem franko-italienischen Text noch einmal Veränderungen vorgenommen, so muss man doch zugestehen, dass auch diese den Text nicht in ein Kaufmannshandbuch verwandelten. So bleibt die These, Marco Polo habe Asien mit den Augen eines Kaufmanns gesehen, letztlich unbefriedigend, denn sie muss große Teile des Textes ausblenden, ohne schlüssig erklären zu können, wie diese in den Bericht haben eingehen können.

Die gegensätzlich scheinenden Teile des Textes haben dagegen jene Interpretationsansätze zu integrieren versucht, die in Marco Polo einen enkulturierten Höfling am Hofe Khubilais sehen wollen. Nach Jacques Heers' Auffassung war Marco Polo ein «homme de cour», der seine Berichte an den Großkhan mit Anekdoten und Fabeln ausgeschmückt und all die in den Bericht eingegangenen wunderbaren Dinge erzählt habe, um seinem Herrscher zu gefallen (vgl. Jacques Heers, Marco Polo, S. 252). Heers erklärt aus dieser Konstellation die anekdotischen und «fabulösen» Elemente des Berichts, während er die «realistischen» Teile darauf zurückführt, dass Marco Polo als Steuerbeamter im Dienste des Großkhans tätig gewesen sei. Wo er realistisch und nüchtern berichte, sei sein Blick nicht der eines Kaufmanns, sondern der eines Steuerbeamten gewesen (vgl. ebd. S. 258). Marco Polo, so meinte auch Paul Demiéville, habe als Beauftragter und Vertrauter des mongolischen Großkhans die Welt nicht aus der Perspektive eines Fernhandelskaufmanns, sondern aus der Perspektive eines enkulturierten mongolischen Verwaltungsbeamten gesehen (vgl. Paul Demiéville, La situation religieuse, S. 223 f.). Diese Deutung kann sich im Gegensatz zur Kaufmannsthese auf die Aussagen des Berichtes selbst stützen, Marco Polo habe während seines Aufenthaltes im Dienst des Großkhans gestanden und ihm von seinen Reisen Bericht erstattet. Problematisch bleibt in diesem Zusammenhang freilich die Behauptung des franko-italienischen Textes, Marco Polo sei drei Jahre lang Gouverneur der chinesischen Stadt Yangzhou gewesen (vgl. ed. Guignard, S. 234). Ein Marco Polo oder auch ein anderer Fremder wird in keiner chinesischen Quelle der Zeit als Verwalter der Stadt genannt, und die Beschreibung von Yangzhou ist eine der kürzesten Städtebeschreibungen des Berichts. Obendrein spielt die Beschreibung der mongolischen Administration, die zur Stütze einer solchen Interpretation im Zentrum stehen müsste, bei Marco Polo nur eine untergeordnete Rolle, und wo sie beschrieben wird, dient sie als Ausweis der guten Herrschaft des Großkhans. Wenn Marco Polo je gewusst haben sollte, wie die Administration der mongolischen Fremdherrschaft in China funktionierte und wie man eine Stadt von der Größenordnung Yangzhous verwaltete, so verlor er darüber in seinem Bericht jedenfalls kein Wort. Die These vom enkulturierten Europäer am mongolischen Hof, der die Welt schließlich mit den Augen eines mongolischen Höflings und Steuerbeamten sah, hat so viel für und gegen sich wie die These vom akkulturierten Kaufmann, der überall hinzog und blieb, wo sich gute Geschäfte machen ließen, und die Fremde deshalb rational und unvoreingenommen betrachtete. Beide Thesen können, was Marco Polos Biographie anbetrifft, durchaus zutreffen: Es gab unter der mongolischen Herrschaft erwiesenermaßen viele Fremde in mongolischen Diensten, weil die Mongolen für die Verwaltung ihres zusammeneroberten Reiches auf Verwaltungswissen angewiesen waren, über das sie selbst nicht verfügten, und dafür lieber Fremde einsetzten, als auf Teile der unterworfenen Bevölkerung zurückzugreifen. Es gab auch zahlreiche Kaufleute, die lange in der Fremde lebten, sich in mongolischen Städten Persiens und Chinas ansiedelten und dort ihren Geschäften nachgingen. Zu beiden Gruppen könnte Marco Polo gehört haben, wobei das eine das andere durchaus nicht ausschließt.

Die einander scheinbar widersprechenden Interpretationen von Marco Polos Bericht gleichen sich darin, dass sie ihm eine bestimmte Perspektive unterstellen, durch die Marco Polo als Autor vereindeutigt werden soll. Die unterstellte Mentalität ist das Korsett, in das man einen Autor zu zwängen versucht, der sich eindeutigen Zuordnungen gerade entzieht. Um Marco Polos Bericht in seinen Verästelungen, Wucherungen und Variationen gerecht zu werden, von denen jede einzelne das Signum «Ich, Marco Polo» trägt, ist es daher wenig sinnvoll, seinem Autor eine eindeutige Weltsicht zu unterstellen, die sich immer nur auf bestimmte Elemente des Berichtes stützen kann und die in der handschriftlichen Überlieferung vorgenommenen Veränderungen gänzlich ignorieren muss. Denn die Präsentation von Marco Polo selbst ist innerhalb der handschriftlichen Überlieferung ja keineswegs eindeutig, sondern äußerst vielgestaltig; Marco Polo und mit ihm sein Vater und sein Onkel werden abwechselnd als Gesandte, Missionare, venezianische Edelleute und schließlich – in späteren Textfassungen – als Forschungsreisende beschrieben. Marco Polo wurde damit immer als das vorgestellt, als was man sich je einen Kenner Asiens vorstellte; seine Beschreibung Asiens wurde dabei immer so abgewandelt, wie man glaubte, dass die Beschreibung eines wahren Asienkenners sein müsse. Die Voraussetzung dafür war zweifellos, dass Marco Polos Identität nicht eindeutig festgelegt, sondern in seinem Text von Anfang an so offengehalten worden war, dass jeder Leser oder jede Gruppe von Lesern ihn als das sehen konnte, als was sie ihn sehen wollten. Wofür seine Zeitgenossen und die nachfolgenden Generationen von Lesern sich interessierten, war ja nicht Marco Polo selbst, sondern das unermesslich reiche und wundersame Asien, das er stellvertretend für die europäischen Kaiser, Könige, Fürsten, Ritter, Edelleute, Bürger und alle Wissbegierigen, an die er sein Buch richtete, gesehen hatte. Wenn Marco Polo denn eine eindeutige Identität zugewiesen werden kann, dann die, die Personifizierung jenes Moments gewesen zu sein, als das Wissen über die fremde Welt des Ostens sich einem breiten Publikum mit unterschiedlichen Interessen und ohne eindeutig zuordenbare Zwecke öffnete. Marco Polo befriedigte ein Interesse an aktuellem Wissen über Asien, das durch den mongolischen Aufstieg begründet worden war und sich anschickte, die tradierten Texte über den Osten, wenn nicht abzulösen, so doch entscheidend zu ergänzen. Der erste, zufällig entstandene volkssprachliche Bericht über Asien, der aus der Zusammenarbeit zwischen einem Reisenden hervorging, der nicht beschreiben konnte, was er gesehen hatte, und einem Dichter, der nicht gesehen hatte, was er zu beschreiben half, eröffnete breiten Kreisen die Möglichkeit, sich Asien genau in der Mischung aus Aktuellem und Wundersamem vorzustellen, durch die es sich seit dem Auftauchen der Mongolen ausgezeichnet hatte. Dass ein venezianischer Kaufmannssohn und Bediensteter des mongolischen Großkhans namens Marco Polo zu *dem* Marco Polo werden konnte, «der so viel über die unterschiedlichsten Teile der Welt und ihre großen Wunder wußte und erforschte» wie kein anderer Mensch vor ihm, begründet sich darin, dass seine Beschreibung der östlichen Länder just zu dem Zeitpunkt entstand, als man begonnen hatte, sich die Fremde narrativ anzueignen. Marco Polo war zugleich der Agent und der Repräsentant dieser Aneignung, und wenn er einen bestimmten Blickwinkel offenbart, dann den Europas auf Asien zu einem Zeitpunkt, als Asien in vielen Belangen Europa unendlich überlegen zu sein schien. Päpste, Könige, Fürsten, Ritter, adelige Damen, Mönche und Prediger, Bürger, Kaufleute und Gelehrte – sie alle nahmen sein Buch und ließen es abschreiben, umschreiben, kürzen, ergänzen und verändern. Viel Merkwürdiges und Wundersames fanden sie darin, denn nie zuvor hatte ihnen ein einzelner Reisender so viel mitgeteilt, wie Messer Marco Polo allein. Und nie mehr danach gelang es einem einzelnen, so viele unterschiedliche Interessen zu bündeln, wie Marco Polo.

Entlarvung eines Hochstaplers?

Gerade dieser Erfolg hat dazu beigetragen, dass Marco Polos Glaubwürdigkeit als Asien- und insbesondere Chinakenner seit einiger Zeit nachdrücklich angezweifelt wird. Vor allem die britische Sinologin Frances Wood hat entschieden die These vertreten, Marco Polo sei überhaupt nicht in China gewesen und habe die chinesische Kultur nur vom Hörensagen gekannt. Zweifel an Marco Polos Kenntnissen von China haben insbesondere Sinologen schon früher formuliert, aber mit Frances Woods 1995 erschienenem Buch «Did Marco Polo go to China?» (dt. Titel: Marco Polo kam nicht bis China, 1996) wurden sie zu einem wissenschaftlichen und medialen Dauerthema.

In erster Linie warf Wood Marco Polo vor, er beschreibe nicht, was ihm in China hätte aufgefallen sein müssen: die chinesische Mauer, den Tee und die gebundenen Füße der chinesischen Frauen. Überdies werde er in keiner chinesischen Quelle der Zeit erwähnt. Wer aber in China gewesen sei, könne die chinesische Mauer nicht übersehen und müsste sie in seinem Bericht über China auch beschrieben haben. Wer in China gewesen sei, müsse den chinesischen Tee getrunken und ihn folglich auch beschrieben haben. Einem wahren Chinareisenden könnten die eingeschnürten Füße der chinesischen Frauen auf keinen Fall entgangen sein und folglich müsste er sie auch in seinen Bericht aufgenommen haben. Und der chinesische Blockdruck sei so außergewöhnlich gewesen, dass Marco Polo ihn auf jeden Fall beobachtet und folglich auch beschrieben haben müsste, wenn er denn in China gewesen wäre.

Die Sinologin Frances Wood hält diese Argumente für schlagend und darin sind ihr viele gefolgt, nicht zuletzt die Medien, die Aufdeckungsgeschichten lieben: Der berühmteste Reisende des Mittelalters – ein Hochstapler, ein «armchair traveler», der niemals bis nach China, sondern bestenfalls bis ans Schwarze Meer gekommen war. Medial ist diese Aufdeckungs- und Entlarvungsstory nachvollziehbar. Wissenschaftlich ist sie inakzeptabel. Das argumentative Kernproblem besteht darin, dass Woods Argumente allesamt «argumenta ex silentio» («Argumente aus Schweigen») sind. «Argumenta ex silentio» stehen methodisch jedoch auf äußerst schwachen Füßen. Man rückt sich selbst in die Rolle desjenigen, der weiß und bestimmt, was man bemerkt und folglich beschrieben haben müsste. Es geht also nicht mehr darum, die Beschreibungen eines Autors auf ihren potentiellen Wahrheitsgehalt hin zu überprüfen, sondern ihm nachträglich Vorschriften zu machen, was er hätte beschreiben müssen. Dieses Problem wiegt umso schwerer, wenn diese Vorschriften für einen Autor gelten sollen, dessen Beobachtungen mehr als 700 Jahre zurückliegen. Zu behaupten, man wisse ganz genau, was jemand bemerkt haben müsste, wenn er in China gewesen wäre, unterschlägt diese historische Differenz. Ob einem venezianischen Kaufmannssohn im mongolisch beherrschten China des 13. Jahrhunderts das aufgefallen sein müsste, was einer britischen Sinologin des späten 20. Jahrhunderts bemerkenswert erschienen ist, darf schon aus Gründen des historischen Abstands und der grundsätzlichen Historizität der Beobachtung bezweifelt werden. Ein Argument gegen Marco Polos Chinaaufenthalt jedenfalls lässt sich daraus nicht gewinnen.

Im Falle der von Frances Wood angeführten Beispiele liegt das Problem überdies in den von ihr als unverzichtbar bezeichneten Gegenständen selbst. Die heute so beeindruckende chinesische Mauer ist erst im 17. Jahrhundert errichtet worden. Im 13. Jahrhundert handelte es sich eher um einen unspektakulären Erdwall, für dessen Erhaltung oder gar Ausbau als Verteidigungswall die Mongolen nichts taten, waren sie einst doch selbst eines jener reiternomadischen, von den Chinesen als barbarisch betrachteten Völker, gegen die er gerichtet war. Die chinesische Mauer war deshalb zu Marco Polos Zeiten keineswegs so beeindruckend, dass er sie unbedingt erwähnt haben müsste. Auch der in Marco Polos Beschreibung fehlende Tee ist durchaus nicht unverzichtbar. Höchstwahrscheinlich bewegte sich Marco Polo innerhalb der mongolischen Herrenschicht, die keinen Tee, sondern gemäß der mongolischen Tradition Kumys (vergorene Stutenmilch) trank. Kumys aber findet sich bei Marco Polo durchaus erwähnt. Ähnliches gilt für die fehlende Beschreibung der gebundenen Füße der Frauen: Die Mongolen übernahmen diese chinesische Tradition nicht, so dass es nicht weiter bemerkenswert ist, wenn Marco Polo sie nicht direkt erwähnt. Aufgefallen ist ihm aber sehr wohl der Trippelschritt der Frauen, der nicht zuletzt auf die gebundenen Füße zurückzuführen ist.

Weder im Hinblick auf ihre argumentativen Grundsätze noch im Hinblick auf die konkreten Gegenstände also vermag Woods Argumentation zu überzeugen. Um belegen zu können, dass Marco Polos Wissen über das mongolisch beherrschte China nicht aus eigener Augenzeugenschaft stammt, hätte Frances Wood überdies zeigen müssen, woher dieses Wissen stammt. Diese Methode ist bereits Ende des 19. Jahrhunderts von George F. Warner und Albert Bovenschen angewendet worden, um einen Reiseberichtsautor als Hochstapler zu entlarven. Diesen Beweis führten Warner und Bovenschen – aber nicht für Marco Polo, sondern für den angeblichen englischen Ritter John Mandeville, dessen um 1355 entstandener vorgeblicher Augenzeugenbericht über Asien aus zahlreichen Quellen, zu denen auch Marco Polos Text gehört, abgeschrieben worden war. Akribisch wiesen Warner und Bovenschen für nahezu jede einzelne Stelle in Mandevilles Bericht nach, woraus sie stammte. Solche Quellen lassen sich für Marco Polo aber gerade nicht finden. Woher also sollte Marco Polo sein Wissen haben, wenn nicht aus eigener Augenzeugenschaft? Um dieses Problem zu lösen, muss Wood auf die methodisch aberwitzige Konstruktion zurückgreifen, Marco Polo habe all dies von persischen Kaufleuten gehört, die tatsächlich in China gewesen seien. Über das Wissen persischer Kaufleute aber vermag Wood selbst nichts zu sagen. Wie Hans Ulrich Vogel in einer gründlichen Untersuchung überzeugend dargelegt hat, finden sich für zahlreiche Beschreibungen in Marco Polos Bericht weder europäische noch persische Quellen, die sich durch ein vergleichbar exaktes Wissen, etwa hinsichtlich des Papiergelds, der Salzgewinnung oder der Besteuerung auszeichnen. Vogel kommt darüber zu dem überzeugenden Schluss: «Marco Polo *was* in China». Dass nicht jede einzelne Beschreibung in Marco Polos Bericht zutrifft oder auf eigener Augenzeugenschaft beruht, entschlägt dem nichts. Es mag wohl sein, dass Marco Polos Behauptung, er sei drei Jahre lang Gouverneur von Yangzhou gewesen, nicht zutrifft oder zumindest eine starke Übertreibung seiner Rolle war; es kann aber ebenso gut sein, dass es sich bei der Behauptung um ein Versehen eines italienischen Schreibers handelte, der aus einem vorhandenen «sejourna» (ich habe mich hier drei Jahre lang aufgehalten) ein «segneura» (ich habe hier drei Jahre lang als Gouverneur regiert) gemacht hat. Aber selbst wenn es sich wirklich um eine Übertreibung handeln sollte, macht sie aus Marco Polo noch keinen Hochstapler, der nie einen Fuß auf chinesischen Boden gesetzt hat.

Anhang

Bibliographische Anmerkungen

In die nach den Kapiteln gegliederten bibliographischen Anmerkungen habe ich vorwiegend diejenigen Werke aufgenommen, auf die sich die einzelnen Kapitel stützen, bzw. mit denen sie sich auseinandersetzen, um dem Leser das Auffinden von Titeln zu einzelnen Aspekten und Gegenständen zu erleichtern. Arbeiten, die in der allgemeinen Bibliographie zu Marco Polo noch einmal erscheinen, sind abgekürzt angeführt, der vollständige Titel ist dann dort zu finden.

Vor Marco Polo: Europa und die Mongolen im 13. Jahrhundert

Zur Geschichte der mongolischen Reiche vgl. Hans-Rainer Kämpfe, Cinggis Khan; Michael Weiers, Von Ögödei bis Möngke – Das mongolische Großreich; Rudolf Trauzettel, Die Yüan-Dynastie; Michael Weiers, Das Khanat Tschaghtai; ders., Die Mongolen in Iran; ders., Die Goldene Horde oder Das Khanat Qyptschag; alle in: Die Mongolen. Beiträge zu ihrer Geschichte und Kultur, hrsg. von Michael Weiers unter Mitw. von Veronika Veit und Walter Heissig, Darmstadt 1986; David Morgan, The Mongols, Oxford 1986. (Die Transkription mongolischer Namen ist nicht eindeutig festgelegt, so dass unterschiedliche Schreibweisen nebeneinanderstehen. Für den Begründer des mongolischen Großreichs sind beispielsweise die Schreibungen Tschingis, Cinggis, Dschinghis u. ä. gebräuchlich, für Khan auch Chan, Qan usf. Ich selbst habe mich bei den bekannten Namen an den gebräuchlichsten Umschreibungen, bei weniger bekannten Namen an den Umschreibungen an Michael Weiers orientiert.) Grundlegend für die Geschichte der europäischen Auseinandersetzung mit den Mongolen ist die ebenso material- wie kenntnisreiche Studie von Felicitas Schmieder, Europa und die Fremden. Die Mongolen im Urteil des Abendlandes. Zur Verbreitung der Nachrichten über die Mongolen und die Geschichte ihrer wechselhaften Ausdeutungen im 13. Jahrhundert vgl. auch: Gian Andri Bezzola, Die Mongolen in abendländischer Sicht (1220–1270). Ein Beitrag zur Geschichte der Völkerbegegnungen, Bern und München 1974. Zur legendären Gestalt des Priesterkönigs Johannes und seinem angeblichen Brief vgl. Bettina Wagner, Die «Epistola presbiteri Johannis»: lateinisch und deutsch. Überlieferung, Textgeschichte, Rezeption und Übertragungen im Mittelalter; mit bisher unedierten Texten, Tübingen 2000 (= Münchener Texte und Untersuchungen zur deutschen Literatur des Mittelalters, Bd. 115); siehe auch nach wie vor: Friedrich Zarncke, Der Priesterkönig Johannes, in: Abhandlungen der Kgl. Sächs. Gesellsch. der Wiss., Phil.-Hist. Classe, Bd. 7 (1879), S. 829–1008 sowie Ulrich Knefelkamp, Auf der Suche nach dem

Reich des Priesterkönigs Johannes, Gelsenkirchen 1986. Zu den Gesandtschaftskontakten zwischen europäischen und mongolischen Herrschern vgl. neben der Arbeit von Felicitas Schmieder: Igor de Rachewiltz, Papal Envoys to the Great Khans, London 1971; Karl Ernst Lupprian, Die Beziehung der Päpste zu islamischen und mongolischen Herrschern im 13. Jahrhundert anhand ihres Briefwechsels, Città del Vaticano 1981. Die Ausgaben, nach denen ich die Berichte der franziskanischen Gesandten Johannes de Plano Carpini und Wilhelm von Rubruk zitiert habe, sind: Johannes von Plano Carpini, Kunde von den Mongolen, 1245–1247, übersetzt, eingeleitet und erläutert von Felicitas Schmieder, Sigmaringen 1997; Wilhelm von Rubruk: Reise zu den Mongolen 1253–1255, übersetzt und erläutert von Friedrich Risch, Leipzig 1934.

Der europäische Fernhandel und die mongolischen Reiche

Den Zusammenhang zwischen Kreuzzügen und Fernhandel beschreibt eingehend die ältere, aber immer noch sehr nützliche Darstellung von James W. Thompson, Economic and Social History of the Middle Ages (300–1300), 2 Bde., New York 1928 u.ö., sowie die von Alfred Doren, Italienische Wirtschaftsgeschichte, Jena 1934 (= Handbuch der Wirtschaftsgeschichte, Bd. 7). Allgemein zur Geschichte des Fernhandels siehe Jean Favier: Gold und Gewürze. Der Aufstieg des Kaufmanns im Mittelalter, Hamburg 1992; Armando Sapori, Le Marchand Italien au Moyen Age, Paris 1952. Speziell zu Venedig und den venezianischen Handelsbeziehungen sind einschlägig: Frederic Lane, Seerepublik Venedig, München 1980; Gino Luzzatto, Storia economica di Venezia dall' XI al XVI secolo, Venedig 1961; Roberto S. Lopez: Venezia e le grandi linee dell' espansione commerciale nel sec. XIII, in: La Civiltà Veneziana del secolo di Marco Polo, Venedig 1955, S. 37–82 sowie Ugo Tucci, Il commercio veneziano e l'Oriente al tempo di Marco Polo, in: Marco Polo, Venezia e l'Oriente. Die überlieferten Dokumente über Fernhändler in Fernostasien behandeln: Roberto S. Lopez, European Merchants in the Medieval Indies. The Evidence of Commercial Documents, in: Journal of Economic History 3 (1943), S. 164–184; ders., Nuove luci sugli italiani in Estremo Oriente prima di Colombo, in: Studi Colombiani, Bd. III, Genua 1951 sowie Luciano Petech, Les marchands italiens dans l'empire mongol, in: Journal Asiatique (1962), S. 549–574. Die die Familie Polo betreffenden Dokumente sind abgedruckt in: Rodolfo Gallo, Marco Polo. La sua famiglia e il suo libro; Giuseppe Orlandini, Marco Polo e la sua famiglia. Angeführt sind sämtliche die Familie Polo erwähnenden Dokumente auch in der als Anhang zusammengestellten Zeittafel von: Alvise Zorzi, Marco Polo, S. 387–407.

Zwei Reisen – ein Bericht

Die erste Reise der Gebrüder Polo und ihre Route hat in der sich auf Marco Polo konzentrierenden Forschung naturgemäß weniger Beachtung gefunden als die Reise, an der Marco Polo teilnahm. Am umfänglichsten geht Leonardo Olschki darauf ein. Vgl. ders., Marco Polo's Precursors, Baltimore 1943, sowie ders., Marco Polo's Asia, S. 73–96; vgl. auch Jaques Heers, Marco Polo, S. 132–140. Zum Problem des Zusammentreffens der Gebrüder Polo mit dem späteren Papst Gregor X. und den ihnen ausgehändigten Schreiben vgl. M.-H. Laurent, O. P., Grégoire X et Marco Polo, S. 141 f.; Karl Ernst Lupprian, Die Beziehungen der Päpste, S. 72 f. sowie Ugo Tucci, I primi viaggiatori, S. 694 f. Zur Funktion Marco Polos als Gesandter des Großkhans vgl. C. W. Connell, Marco Polo as Diplomat? Motivation for the Writing of *Il Milione*, in: Marco Polo and His Book, S. 11 ff. Zur Rückreise der Polos im Zusammenhang mit der Begleitung einer mongolischen Prinzessin nach Persien vgl. Francis Woodman Cleaves, A Chinese Source bearing upon Marco Polo's Departure from China and a Persian Source on his arrival in Persia, in: Harvard Journal of Asiatic Studies 36 (1967), S. 181–203.

Der Autor und sein Erzähler

Zur Entstehung von Marco Polos Bericht vgl. Jaques Heers, Marco Polo, S. 289 f.; Leonardo Olschki, Marco Polo's Asia, S. 356 f.; Folker Reichert, Begegnungen mit China, S. 148 f., sowie John Critchley, Marco Polo's Book, S. 2–29. Zu Rustichello da Pisa, dessen bekanntestes Werk seine Adaption des *Meliadus*-Romans ist, vgl. Luigi Foscolo Benedetto, Einl. zu: Il Milione, S. XIII f.; ders., Non Rusticiano ma Rustichello, in: ders., Uomini e tempi, S. 63–70, sowie Eilert Löseth, Le roman en prose de Tristan, S. 423 ff. Zur Frage, ob Marco Polo bereits selbst schriftliche Aufzeichnungen angefertigt hatte oder ob der Bericht auf ein mündliches Diktat oder auch einen vergleichsweise losen mündlichen Erzählzusammenhang zurückzuführen ist, vgl. Luigi Foscolo Benedetto (vgl. Il Milione, S. XXX) sowie Theodor Gossen (vgl. Marco Polo und Rustichello da Pisa, S. 136 ff.), die davon ausgegangen sind, dass Marco Polo bereits schriftliche Aufzeichnungen angefertigt hatte, die er Rustichello zur Verfügung stellte, der sie dann bearbeitete. Diese These teilt auch Franco Borlandi, Alle origini del libro di Marco Polo, S. 109 f. Dagegen gehen t'Serstevens (vgl. Le Livre de Marco Polo, S. 11 f.) und Dietmar Rieger (vgl. ders., Marco Polo und Rustichello da Pisa, S. 307) von einem mündlichen Diktat im Genueser Gefängnis aus, das den unabgeschlossenen Charakter des Berichts begründe; vgl. auch Valeria Bertolucci Pizzorusso, Enunciazione e produzione del testo nel «Milione», bes. S. 15 ff. Siehe daneben Simon Gaunts Analyse des Gebrauchs von «ich» und «wir» im franko-italienischen Text (vgl. Marco Polo's *Le Devisement du Monde*, S. 42–62).

Beschreiben und Erzählen: *Le Divisament dou monde*

Zur Diskussion um Marco Polos Reiseroute vgl. John Larner, Marco Polo, S. 69 f. Die Darstellung des Schemas der rein deskriptiven Kapitel folgt den Arbeiten von Franco Borlandi, der die Deskriptionsstruktur erstmals genauer beschrieben hat, und Antonio Carile, ohne jedoch deren Schlussfolgerungen zu übernehmen, es handele sich hierbei um ein merkantiles Beschreibungsschema. Vgl. Franco Borlandi, Alle origini del libro di Marco Polo, S. 112–115; Antonio Carile, Territorio e ambiente, S. 20–22. Zur Kritik an der Einschätzung Borlandis vgl. auch Alvise Zorzi, Marco Polo, S. 349 f. und Jacques Heers, Marco Polo, S. 171–185 sowie John Critchley, Marco Polo's Book, S. 77–80. Während Zorzi darauf hingewiesen hat, dass das Deskriptionsschema sehr stark den Vorgaben ähnele, die venezianische Gesandte im 17. Jahrhundert für ihre diplomatischen Berichte erhielten, hat John Critchley angemerkt, dass dieses Muster relativ unspezifisch sei und sich in zahlreichen anderen Texten der Zeit in ähnlicher Weise finden lasse. Diese Unspezifität lässt sich m. E. durch die Ähnlichkeit des Musters mit den aristotelischen Kategorien erklären, bei denen es nicht auf die besondere, sondern vielmehr die möglichst allgemeine Erfassung von Gegenständen ankam (vgl. Marina Münkler, Erfahrung des Fremden, S. 35–38). Die Erzählung des Wunders von Bagdad findet sich vor Marco Polo schon in anderen Quellen. Vgl. hierzu John Critchley, Marco Polo's Book, S. 83 f. Zu Marco Polos bewundernder Darstellung Khubilai Khans vgl. Simon Gaunt, Marco Polo's *Le Devisement du Monde*, S. 125 f.

Welcher Marco Polo?
Die handschriftliche Überlieferung des Berichts

In seiner Edition hat Luigi Foscolo Benedetto die bekannten Handschriften und Übersetzungen eingehend beschrieben und in einem einheitlichen Stemma zu hierarchisieren versucht; vgl. S. XXV (Stemma der Handschriften); siehe auch ders., La tradizione manoscritta del «Milione» di Marco Polo, Turin 1962. Seine Darstellung ist mittlerweile in Teilen überholt. Ein Stemma, das neuere Erkenntnisse zu berücksichtigen versucht und weniger eindeutig am Begriff des rekonstruierbaren Originals orientiert ist, bietet Folker Reichert, Begegnungen mit China, S. 164 (vgl. auch die vorangehende Beschreibung der handschriftlichen Überlieferung, S. 154–165). Eine ausführliche Beschreibung der handschriftlichen Überlieferung und der Handschriftengruppen, mit Schwerpunkt auf den französischen Manuskripten, bietet Philippe Ménard, Introduction, in: ed. Ménard, Bd. 1, S. 9–70; vgl. auch Simon Gaunt, Marco Polo's *Le Devisement du Monde*, S. 11–28. Von Pipinos Übersetzung gibt es nur die Faksimile-Ausgabe eines 1485 erschienenen Druckes (hrsg. von The National Diet Library, Tokyo). Zu den Fassungen des toskanischen Textes vgl. ed. Bertolucci Pizzorusso, S. XV. Zum Zelada-Codex vgl. die ausführliche Darstellung bei John Critchley, Marco Polo's Book, S. 157–177 sowie Folker Reichert, Begegnungen mit China, S. 155–157. Der lateinische Text ist abgedruckt in: ed. Moule-Pelliot, Bd. 2, S. III–CXXXI. Benedetto hat die nur im Zelada-Text enthaltenen Abschnitte in den Fußnoten zu seiner Edition des frankoitalienischen Textes aufgenommen; in der deutschen Übersetzung dieser Ausgabe durch Elise Guignard sind sie in eckigen Klammern im Text eingefügt.

Die Einschätzung des Berichts und seine Rezeption

Zur Herkunft des Namens *Milione* vgl. Luigi Foscolo Benedetto, Perché fu chiamato Milione il libro di Marco Polo; ders., Ancora del nome Milione. Die Behauptung, Marco Polos Zeitgenossen hätten ihm keinen Glauben schenken wollen, gerade weil sein Bericht so realistisch gewesen sei, ist in der jüngeren Forschung u. a. von Peter Wunderli (Marco Polo und der Ferne Osten, S. 191 f.) vertreten worden.

Die gründlichste Untersuchung der Rezeption Marco Polos im Zusammenhang mit der Entdeckung Amerikas bietet der umfangreiche Aufsatz von Folker Reichert, Columbus und Marco Polo – Asien in Amerika; dort auch das Zitat aus João de Barros, S. 1. Vgl. daneben auch Jacques Heers, De Marco Polo à Christophe Colombe. Zu der von Columbus verwendeten Ausgabe vgl. Benedetto, S. CLVII. Die lateinischsprachigen Marginalnoten von Columbus sind in der italienischen Übersetzung des Pipino-Textes von Luigi Giovannini verzeichnet. Vgl. Il Milione. Con le postille di Cristoforo Colombo, a cura di Luigi Giovannini. Mit Marco Polos Beschreibung Japans und ihrer Übereinstimmung mit mongolischen Vorstellungen beschäftigt sich ausführlich der Aufsatz von Kazuo Enoki, Marco Polo and Japan, in: Oriente Poliano. Zu den völkerrechtlichen Voraussetzungen der Inbesitznahme entdeckter Inseln vgl. Jörg Fisch, Die europäische Expansion und das Völkerrecht. Die Auseinandersetzung um den Status der überseeischen Gebiete vom 15. Jahrhundert bis zur Gegenwart, Stuttgart 1984, sowie Marina Münkler, Der Entdecker und Eroberer, in: Grenzverletzer. Von Schmugglern, Spionen und anderen subversiven Gestalten, hrsg. von Eva Horn, Stefan Kaufmann und Ulrich Bröckling, Berlin 2002, S. 156–175. Santaellas 1503 erschienene Übersetzung ist von Juan Gil gemeinsam mit dem von Columbus annotierten Exemplar neu herausgegeben worden, vgl. Juan Gil (ed.). El libro de Marco Polo anotado por Cristóbal Colón. El libro de Marco Polo, versión de Rodrigo de Santaella, Madrid 1987. Zur These von «Marco Polo mercante» vgl. Franco Borlandi, Alle origini del libro di Marco Polo; Antonio Carile, Territorio e Ambiente nel «Divisament dou monde» di Marco Polo; Michel Mollat, Grands voyages du monde, S. 126 f. Pegollottis Handbuch ist von Allan Evans herausgegeben worden: vgl. Francesco Balducci Pegolotti, La Pratica della Mercatura, hrsg. von Allan Evans, Cambridge Mass. 1936, S. XI. Zur These, Marco Polo habe die Welt aus der Perspektive eines mongolischen Hofmanns gesehen, vgl. Paul Demiéville, La Situation religeuse, S. 223 f., Jacques Heers, Marco Polo, S. 251–262, sowie Folker Reichert, Begegnungen mit China, S. 117. In mindestens zwei Handschriften werden die Gebrüder Polo in den beigefügten Illustrationen in einem Habit abgebildet, der der Ordenstracht der Dominikaner (Paris, BN, Ms. fr. 2810) bzw. der Franziskaner (London BL, MS. Royal 19.D.I) gleicht. Vgl. Leonardo Olschki, Marco Polo's Asia, S. 116, Folker Reichert, Begegnungen mit China, S. 195. Seine Überzeugung, Marco Polo habe sich in der chinesischen Administration nicht ausgekannt und die Beschreibungen Südchinas seien so schematisch, dass sie auf Hörensagen beruhen müssten» hat John W. Haeger zu der Überzeugung gebracht, Marco Polo habe sich nur in Nordchina am Hofe Khubilai Khans aufgehalten und sei nicht in Mittel- und Südchina gewesen. Vgl. ders., Marco Polo in China, S. 23. Dieser These hat auch John Larner (Marco Polo, S. 65–67) zugestimmt. Diese Argumente hat Frances Wood in ihrem Buch wieder aufgenommen und zu der These zugespitzt, Marco Polo sei überhaupt nicht in China gewesen und seine Kenntnisse stammten vom Hörensagen, aus persischen und europäischen Quellen. Vgl. dies., Marco Polo kam nicht bis China, bes. S. 58 ff., 133 f. und passim. Ihrer These hat Igor de Rachewiltz in einer ausführlichen Rezension entschieden widersprochen. Vgl. Rachewiltz, Marco Polo Went to China. Unter besonderem Bezug auf Marco Polos Kenntnisse über das Papiergeld, Muschelgeld, Salzgeld und den Salzhandel sowie die Besteuerung, deren Kenntnis weder aus einer europäischen noch einer persischen Quelle der Zeit stammen können, hat Hans Ulrich Vogel diese Thesen gründlich widerlegt. Vgl. ders., Marco Polo was in China, bes. S. 106 ff. (Papiergeld); S. 230–234 (Muschelgeld); S. 271–284 (Salzgewinnung und Salzgeld).

Literaturverzeichnis

I. Textausgaben

In das Verzeichnis der Textausgaben wurden nur die wichtigsten Ausgaben aufgenommen, die die verschiedenen Varianten des Textes präsentieren. Bei der in der Regel zitierten und mit ed. Guignard abgekürzten Marco-Polo-Ausgabe handelt es sich um die u. g. Übersetzung von Elise Guignard. Zitate nach anderen Ausgaben werden ebenfalls mit dem Namen des Herausgebers angeführt.

Marco Polo: Il Milione. Prima edizione integrale, a cura di Luigi Foscolo Benedetto, Florenz 1928 (= Comitato Geografico Nazionale Italiano, N. 3) (franco-ital. Text: Le divisament dou monde).

–: dt. Übersetzung: Il Milione. Die Wunder der Welt. Übersetzung aus altfranzösischen und lateinischen Quellen und Nachwort von Elise Guignard, Zürich 1983 (die Übersetzung fußt auf der o.g. Benedetto-Ausgabe; die bei Benedetto in den Fußnoten verzeichneten Ergänzungen nach dem Zelada-Text sind in eckigen Klammern in den Text integriert).

–: Milione. Le divisament dou monde: Il Milione nelle redazioni toscana e franco-italiana, a cura di Gabriella Ronchi, introduzione di Cesare Segre, Mailand [4]2000 (franco-ital. Text des bereits von Benedetto edierten ms fr. 1116 mit kleinen Korrekturen; toskan. Text nach der Ausgabe von Bertolucci Pizzorusso).

–: The Description of the World. Hrsg. von Arthur Christopher Moule und Paul Pelliot, 2 Vols., London 1938 (Bd. 1: engl. Übersetzung des Berichts, in die sämtliche den Hrsg. zugänglichen Varianten eingeflossen sind, Bd. 2: lateinischer Zelada-Text).

–: Milione. Redazione latina del manoscritto Z. Versione italiana a fronte, a cura di Alvaro Barbieri, Mailand, Parma 1998.

–: Il Milione. Versione toscana del Trecento, edizione critica a cura di Valeria Bertolucci Pizzorusso, indice ragionato di Giorgio R. Cardona, Mailand 1975 (kritische Ausgabe des toskanischen ms. II, IV, 136 der Bibl. Naz. Di Firenze unter Einbezug der weiteren toskanischen Handschriften).

–: Il Milione. Introduzione, edizione del testo toscano («Ottimo»), note illustrative, esegetiche, linguistiche, repertori onomastici e lessicali, a cura di Ruggero M. Ruggieri, Florenz 1986.

–: Liber de consuetudinis et conditionibus orientalium regionum, Antverpiae 1485, Faksimile: Tokyo 1949 (lateinische Pipino-Übersetzung).

–: Il Milione. Con le postille di Cristofero Colombo. Introduzione, versione e note die Luigi Giovannini, Rom 1985 (mod. ital. Übers. der lat. Pipino-

Übers. nach dem Druck Antwerpen 1485 mit den Anmerkungen von Columbus).
–: I viaggi di Marco Polo, gentiluomo veneziano, in: Giovanni Battista Ramusio, Navigazioni e Viaggi, a cura di Marcia Milanesi, Bd. III., Turin 1980, S. 8–297.
–: Nicole Steidl: Marco Polos «Heydnische Chronik»: Die mitteldeutsche Bearbeitung des «Divisament dou monde» nach der Admonter Handschrift Cod. 504, Aachen 2010.

2. Sekundärliteratur

Das Verzeichnis der Sekundärliteratur beschränkt sich auf die wichtigsten Arbeiten zu Marco Polo und erhebt keinen Anspruch auf Vollständigkeit. Jüngere Arbeiten mit umfangreicher Bibliographie sind daher mit einem «B» gekennzeichnet, um interessierten Lesern das Auffinden weiterer Sekundärliteratur zu erleichtern.

Bertolucci-Pizzorusso, Valeria: Enunciazione e produzione del testo nel Milione, in: Studi mediolatini e volgari 25 (1977), S. 5–43.
Bianchi, Vito: Marco Polo. Storia del mercante che capì la cina, Rom, Bari 2009.
Borlandi, Franco: Alle origini del libro di Marco Polo, in: Studi in onore di Amintore Fanfani, Bd. 1, Mailand 1962, S. 105–147.
Carile, Antonio: Territorio e Ambiente nel «Devisement dou monde», in: Studi Veneziani, N. S. 1, Pisa 1977, S. 13–36.
Critchley, John: Marco Polo's Book, Aldershot, Hampshire 1992 (B).
Gallo, Rodolfo: Marco Polo, la sua famiglia e il suo libro, in: Nel VII centenario della nascita di Marco Polo, Venedig 1955, S. 65–161.
–: Nuovi documenti riguardanti Marco Polo e la sua famiglia, in: Atti dell' Istituto Veneto di Scienze, Lettere ed Arti CXVI (1958), S. 309–325.
Gaunt, Simon: Marco Polo's *Le Devisement du monde*. Narrative Voice, Language and Diversity, Cambridge 2013.
Gossen, Carl Theodor: Marco Polo und Rustichello da Pisa, in: Philologia Romanica. Festschrift für Erhard Lommatzsch, München 1975, S. 133–143.
Haeger, John W.: Marco Polo in China? Problems with internal evidence, in: Bulletin of Sung and Yüan Studies 14 (1978), S. 22–30.
Heers, Jacques: Marco Polo, Paris 1983 (B).
–: De Marco Polo à Christophe Colomb: comment lire le *Devisement du monde*?, in: Journal of Medieval History 10 (1984), S. 125–143.
Morandi, Mino: Marco Polo, l'Ordine Domenicano e la prima fortuna del *Milione*, in: Humanitas, aprile 1983, S. 255–269.
Moule, Arthur Christopher: Quinsai. With other notes on Marco Polo, Cambridge 1957.
Münkler, Marina: Erfahrung des Fremden. Die Beschreibung Ostasiens in den Augenzeugenberichten des 13. Jahrhunderts, Berlin 2000 (B).

Olschki, Leonardo: Marco Polo's Asia. An introduction to his «Description of the World» called «Il Milione», Berkeley/Los Angeles/London 1960 (ital. Orig. 1957).

Oriente Poliano. Studi e conferenze tenute all' Istituto M. E. O. in occasione del VII centenario della nascita di Marco Polo (1254–1957), Rom 1957.

Orlandini, Giuseppe: Marco Polo e la sua famiglia, in: Archivio veneto tridentino (1926), S. 1–68.

Pelliot, Paul: Notes on Marco Polo, 3 Bde., hrsg. von Louis Hambis, Paris 1959/1963/1973.

Rachewiltz, Igor de: Marco Polo Went to China, in: Zentralasiatische Studien 27 (1997), S. 34–92.

Reichert, Folker E.: Begegnungen mit China. Die Entdeckung Ostasiens im Mittelalter, Sigmaringen 1992 (= Beiträge zur Geschichte und Quellenkunde des Mittelalters, Bd. 15) (B).

–: Columbus und Marco Polo – Asien in Amerika. Zur Literaturgeschichte der Entdeckungen, in: Zeitschrift für Historische Forschung 15 (1988), S. 1–63.

Rieger, Dietmar: Marco Polo und Rustichello da Pisa. Der Reisende und sein Erzähler, in: Reisen und Reiseliteratur im Mittelalter und in der Frühen Neuzeit, hrsg. von Xenia von Ertzdorff und Dieter Neukirch, Amsterdam 1992, S. 289–312.

Schmieder, Felicitas: Europa und die Fremden. Die Mongolen im Urteil des Abendlandes vom 13. bis in das 15. Jahrhundert, Sigmaringen 1994 (= Beiträge zur Geschichte und Quellenkunde des Mittelalters 16) (B).

Tucci, Ugo: I primi viaggiatori e l'opera di Marco Polo, in: Storia della Cultura Veneta. I: Dalle Origini al Trecento, a cura di G. Folena, Vicenza 1976, S. 633–670.

Vogel, Hans Ulrich: Marco Polo was in China. New Evidence from Currencies, Salts and Revenues, Leiden, Boston 2013 (= Monies, Markets, and Finance in East Asia, 1600–1900, Bd. 2)(B).

Wood, Frances: Marco Polo kam nicht bis China, München 1996 (engl. Orig.: Did Marco Polo go to China?, London 1995).

Wunderli, Peter: Marco Polo und der ferne Osten. Zwischen «Wahrheit» und «Dichtung», in: ders. (Hg.), Reisen in reale und mythische Ferne, Düsseldorf 1993, S. 124–196.

Zorzi, Alvise: Marco Polo, Düsseldorf 1983.

Register